Johann Jakob Hemmer

Anmerkungen über die von Herrn Jakob Hemmern

kuhrpfälzischem Hofkappellane

und der Mannheimer Akademie ordentlichem Mitgliede herausgegebene

Abhandlung über die deutsche Sprache

Johann Jakob Hemmer

Anmerkungen über die von Herrn Jakob Hemmern kuhrpfälzischem Hofkappellane
und der Mannheimer Akademie ordentlichem Mitgliede herausgegebene Abhandlung über die deutsche Sprache

ISBN/EAN: 9783743441002

Hergestellt in Europa, USA, Kanada, Australien, Japan

Cover: Foto ©ninafisch / pixelio.de

Weitere Bücher finden Sie auf **www.hansebooks.com**

Anmerkungen
über die
von
Herrn Jakob Hemmern
kuhrpfälzischem Hofkapellane, und
der Mannheimer Akademie der
Wissenschaften ordentlichem
Mitgliede
herausgegebene Abhandlung
über die
Deutsche Sprache,
Verfasset
von einem
Liebhaber der Wahrheit.

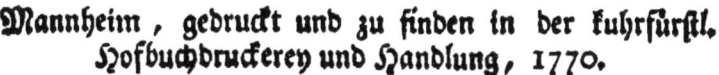

Mannheim, gedruckt und zu finden in der kuhrfürstl.
Hofbuchdruckerey und Handlung, 1770.

Anmerkungen
über
die Abhandlung von der deutſchen Sprache.

Die eble Pfalz iſt in viel zu hohem Werthe bey mir, als daß ich dieſe Abhandlung ohne Empfindung durchleſen konnte. Es kommt mir vor, als thue der Herr Verfaſſer dieſer rühmlichſten Nation in vielen ſtücken das gröſte Unrecht. Er wird mir alſo nicht in übel nehmen; wann ich Ihm ſeine irrige Sätze zeige und widerlege. Ich thue weiter nichts; als was der Herr Verfaſſer ſelbſt verlanget. An der 56. S. ſpricht Er mit dem Cicero: *cupio refelli*.... „Derjenige wird mir einen Ge-
„fallen erweiſen, der mich ſeiner Anmer-
„kungen wird theilhaftig machen, und mich
„eines Irrthumes gründlich zu überwei-
„ſen

„sen wird im Stande seyn." Ich werde dem Herrn diesen Gefallen erweisen. Doch ist mir nicht zuzumuthen, alle Irrthümer anzugreifen; dann dazu habe ich weder Zeit, noch Geduld. Ich werde nur jene vor mich nehmen, welche ich bey erster Ueberlesung des Werkchens angemerket. Es soll alles in zweenen Theilen eingeschlossen werden. Im ersten Theile werde ich allgemeine Anmerkungen machen über die Widersprüche, über die Schulen, Predigstühle u. d. g. Im zweyten Theile aber werde ich besondere Anmerkungen über die den Pfälzern vorgeworfenen Sprachfehler machen. Ich versichere den H. Verfasser dabey, daß ich seine Person im geringsten nicht werde antasten. Mein Gemüth wurde zwar mehrmalen rege; da ich sah; daß der Herr mit dummen Köpfen, mit unwissenden, mit eigensinnigen Witzlingen, mit hottentottisch Deutschen um sich wirft. Ich empfand es heftig, daß der Herr ganze geistliche und weltliche Stände, ganze Akadedemien und Universitäten, ja alle Gelehrte, die jemals die Pfalz gezählet, als unerfahrne in der Muttersprache beschuldigen will. Allein ich werde mich einhalten, und nicht das geringste, in welchem Er sich könnte beleidiget finden, vortragen. Ja, wann die Widerlegung, welche der Herr so heftig begehret, Ihm dannoch sollte mißfallen; so bitte ich den Herrn Verfasser tausendmal um Verzeihung. Ich versichere auf alles, was Treue und Redlichkeit heißt: daß kein anderer Trieb, als die Liebe zur Wahrheit mein Gemüth und meine Feder regiere.

Erster Theil.
Allgemeine Anmerkungen.
§. I.
Von den Widersprüchen.

Ich las folgende Sätze zu wiederholten malen; ich konnte sie aber nimmer zusammen reimen. Es kommt mir vor, als wi-

widersprächen sie sich. Es wäre mir ein Gefallen; so ich eine Erklärung darüber bekäme.

I.

An der 2. Seite, nachdem der H. Verfasser den unermüdeten Eifer anderer Völker für ihre Muttersprache gerühmt, schreibt Er also: „Unsere edlen Deutschen haben den „übrigen Völkerschaften in diesem Stücke „bisher nichts nachgeben wollen. Sie ar„beiten schon über neunhundert Jahre an „der Verbässerung und Auszierung ihrer „Sprache.„ Und an der 7. S. sagt Er: „wenig Deutsche haben Theil an der Aus„bässerung ihrer Sprache. Nun fangen „zwar allgemach mehr Provinzen an, die „Augen zu eröffnen; die Rauhigkeit und „alte Barbarey ihrer Sprache abzuschaf„fen.„ Wie schickt sich dann, mein Herr, das unsre edlen Deutschen auf wenig; das über neunhundert Jahre Arbeiten auf das nun allgemach die Augen eröffnen?

2.

An eben der 2. S. ſagt Er: „Unzählba-
„re Werke ſind bisher von der Deutſchen
„Sprache an das Licht geſtellet worden. H.
„Reichart liefert uns ein Verzeichniß von
„mehr als hundert und fünfzig deutſchen
„Sprachlehren; wohin noch viele gehören,
„die er nicht gekannt hat u. ſ. f. Und an
der 7. S. ſagt Er: „Von allen weitſchich-
„tigen deutſchen Landen ſind die Sachſen
„beynahe die einzigen, die ſich mit Ernſte
„um die deutſche Sprache angenommen...
„Wenig Deutſche bekümmern ſich um die
„Aufnahme ihrer Mutterſprache... Ein
„Bedaurenswürdiges Schickſal (6. S.)
„für Deutſchland, deſſen ſchädlicher Ein-
„fluß im Reiche der Wiſſenſchaften nur gar
„zu empfindlich iſt.„ Zuvor heißt es:
die edlen Deutſchen gaben allen andern
Völkerſchaften nichts nach; itzt ſchlafen ſie
ſchier alle. Oben ſollen unzählbare Werke
ans Licht getreten ſeyn; und unten ſpricht
Er: wenig Deutſche bekümmern ſich um ihre

re Muttersprache; nun fangen erst einige an, die Augen zu eröffnen.

3.

„An der 3. S. sagt Er: Er beweise satt„sam, wie irre jene daran gewesen, die bis„her über den Abgang solcher Schriften „(die die deutsche Sprache bessern und aus„zieren) gekläget haben." Und an der 6. und 7. S. bedauret Er auf das heftigste, daß in dem ganzen bey sechshundert Meilen grossen Deutschlande kaum ein paar Winkel anzutreffen, wo man sich der Muttersprache mit Ernste bisher angenommen hat.

4.

An der 3. 4. und 5. S. führet der Herr die höchste Oberhäupter Deutschlandes an, welche mit aller ersinnlichen Mühe die deutsche Sprache auf den höchsten Gipfel zu bringen gesucht. Karl der grose, Ludwig der fromme, Friedrich der rothbärtige und andere haben durch viele zu diesem En=
de

be gestiftete Schulen, durch errichtete Gesellschaften, in welchen Gelehrte von allen Ständen blos die deutsche Sprache zu befördern sich bemühet, durch ergebene Befehle, durch eigene Schriften an der Ausbesserung und Auszierung der deutschen Sprache gearbeitet; ja zu Maynz und zu Frankfurt in den Reichstagen, (wo gewis nicht einige wenige Deutsche zugegen seynd) ist eine öffentliche Verordnung gemacht worden: daß ins künftige alle Reichsgesetze, Verordnungen, Verträge und Briefe in deutscher Sprache sollten abgefasset werden. Es wurde bey hoher Strafe verbothen, daß sich Niemand unterstehen sollte, auch nur das geringste, so das gemeine Wesen betrift, in lateinischer Sprache abzufassen; sondern alle Kanzeleyen, Gerichtsstuben, Notarien, u. d. g. sollten sich in Ausfertigung öffentlicher Urkunden der Muttersprache bedienen u. s. f. Und an der 6. und 7. S. kann der Herr nicht genug beweinen, daß sich wenige zeither um die

deut=

deutſche Sprache angenommen; daß die Sachſen beynahe ganz allein (ſeynd dann alle jene groſen Kaiſer und alle jene Reichsſtände, die zu Maynz und zu Frankfurt verſammelt waren, lauter Sachſen geweſen?) daß die Sachſen beynahe allein ſich um dieſe Ehre verdient gemacht. Er ſeufzet bitterlich, daß noch kein anderes deutſches Volk, niemals noch, aufgewachet, einige wenige ausgenommen, welche itzt erſt anfangen, die Augen aufzuthun.

5.

Es ſcheint mir zwar folgendes nicht völlig widerſprechend; doch aber unbegreiflich zu ſeyn. Neunhundert Jahre lang, ſagt Er, hat Deutſchland an der Mutterſprache arbeiten, bäſſern und auszieren müſſen. So gros iſt dann, ſo weitſchichtig, ſo unermeſſen und unerſchöpflich unſere Mutterſprache! das wollen wir nun ein wenig gehen laſſen, und die 50, 52, und 53. S. aufſchlagen. Was ſagt Er da? Hier findet

det. Er den Verstand der Kinder in ihren ersten Jahren fähig, in kurzer Zeit sich zu einem so erstaunlichen Grade der Kenntnisse zu erschwingen. Er behauptet, daß die Jugend nebst der lateinischen Sprache (in welcher die Dicht= und Redekunst eingeschlossen seynd) nebst der göttlichen und weltlichen Historie, nebst der Rechenkunst, Wappenkunst, Fabellehre, Erdbeschreibung, Meßkunst, Algebra, Flächen=Körper= und Dreyecksmeßkunst, Kegelschnitte, Gerüstwissenschaft, Wasserkunst und Wasserwaagekunst, und nebst andern mehr auch im Stande sey, die unerschöpfliche deutsche Sprache, welche zu erlernen der berühmte Klajus (16. S.) über zwanzig Jahre, und Gottsched sein halbes Leben zugebracht, und an welcher neun Jahrhunderte zu arbeiten gehabt, so glücklich zu erlernen, daß sie den völligen Beyfall der Kenner erhalten sollten. Ja er hat dergleichen junge Leute gekennt, welche in vier Jahren, oder gar schon in dem neunten Jahre ihres Alters die=

dieſes alles bewerkſtelliget haben. Das heißt ja zehn Berge auf einander ſtellen, und behaupten wollen, es habe ſie ein Knab davon getragen.

6.

An der 26. und 27. S. ſagt der H. Verfaſſer: Das innere der Redekunſt beſteht in der Erfindung der Bewegungsgründe; und das äuſere in dem Vortrage, welcher einzig und allein auf dem guten Gebrauche der Sprache beruhet. Und eben an demſelben Blatte beſſer oben ſagt Er: man raubet den Wiſſenſchaften die Seele (welche gewiß nicht der äuſere Theil ſeyn kann) wann man die Redekunſt lateiniſch und nicht in der Mutterſprache abhandelt. Entweder hat ſich der Herr in dem erſten, oder zweyten Satze verſtoſen.

7.

An der 52. S. Fragt der Herr Verfaſſer: „wie muß es der zarten und unbe„ſtändigen Jugend zu Muthe ſeyn; wenn
„ſie

„ sie so viel Jahre hintereinander, Tag für
„ Tag, blos zu einer so trockenen Materie,
„ als die lateinische Sprache ist, mit der
„ Peitsche in der Hand, angehalten wird?„
So ist dann die lateinische Sprache, wie sie
in den Schulen gelehret wird, eine trockene
Sache? So seynd dann die Werke eines
Cicero, eines Ovids, eines Virgils und
anderer, die als Sprachlehrer in den lateinischen Schulen vorgestellt werden, eine
trockene Materie? Wie widerlege ich dieses? Der H. Verfasser selbst überhebet mich
dieser Mühe. An der 27. S. saget er: jede Sprache hat ihre besondere Schönheiten.
An der 19.S. erhebt Er die lateinische Sprache also: „ Sie erkläret den Ursprung, die
„ Eigen- und Verwandtschaften aller Völ-
„ ker. Sie zeiget uns den Eingang in die
„ Alterthümer, den wir ohne das Licht,
„ so sie uns in die Hand giebt, in tausend
„ Fällen nicht finden würden. Sie führet
„ uns auf den sichern Wegen zu den Urquel-
„ len so mannigfaltiger Werke, welche die
„ schön-

„schönsten und wichtigsten Wahrheiten ent„
„halten, die durch Nebenquellen, woraus
„wir sonst zu schöpfen pflegen, niemals so
„rein und vollkommen zu uns fliesen wür„
„den. Sie ist endlich das leichteste und
„kürzeste Mittel, unsere Gedanken und En„
„deckungen den Gelehrten aller gesitteten
„Nationen bekannt zu machen." An der
23. S. rühmt der Herr die Schönheiten in
Virgils Büchern, welcher doch gewiß nicht
hebräisch geschrieben hat. Könnte man
von einer nämlichen Sache verächtlicher und
zugleich prächtiger reden?

Der Ausdruck: **mit der Peitsche in der Hand**, ist sehr hart. Ich habe noch keinen Lehrer gesehen; weder habe ich von einem gehöret, der mit einer Peitsche in der Hand die Knaben angestrenget hätte. Sie wissen ja, mein Herr, was für Leute mit der Peitsche in der Hand den Pferden nachlaufen? Daß man aber, wo es nothwendig der Ruthe nicht schone; ist der Rath des H. Geistes selber. Sollte auch von einem

oder

oder dem andern in diesem Stücke etwas zu viel geschehen seyn; so muß man nicht alle angreifen.

§. II.
Von der Sprache der Pfälzer.

I.

An der 8. S. sagt der H. Verfasser: „sehr viele Landschaften (in Deutschland) „liegen noch in einem tiefen Schlummer, „aus dem sie nicht erwachen wollen. Un„ter diese unglückselige Zahl gehöret auch „unsere Pfalz: ja sie behauptet darunter „einen der obersten Plätze... Dieser Staat „hat bisher einen so wesentlichen Punkt, „als die Ausarbeitung und Handhabung „der Muttersprache ist, gänzlich auser „Acht gesetzet. Man weiß bey den Pfälzern „um keine deutsche Sprachlehre, die ent„weder von ihnen selber aufgesetzet, oder „anderswo gelehnet, und bey ihnen ein„geführet worden wäre. Will man et„liche

„liche Liebhaber ausnehmen, die aber sehr
„dünn gesäet sind: so machet sich Jeder-
„mann besondere Regeln im Reden und
„Schreiben, die mehrentheils in einer blin-
„den Gewohnheit, oder in einem schwachen
„Eigendünkel gegründet sind u. s. f.

Ob diese Klagen einem Staate Ehre bringen, oder ihn vielleicht unglimpflich, oder gar schimpflich antasten, mögen andere, so das Vatterland lieben, entscheiden. Unglückselige Pfalz! so hat dann, wann dieser Herr Recht hat, niemals einer von deinen Inwohnern auch nur das geringste gewußt, vielweniger gelehnt von jenen Unzählbaren Sprachlehren, die bisher seynd ans Taglicht gekommen. Du liegst in dem tiefen Schlafe der Unwissenheit, da die edlen Deutschen schon über neunhundert Jahre an der Auszierung der Muttersprache arbeiten. Du gehörest also nicht zu den edlen; sondern zu den in der tiefesten Unwissenheit vergrabenen Landen. Du hast noch keinen Geistlichen, noch keinen Weltlichen,
noch

noch keinen Staatsmann, noch keinen einzigen Menschen gehabt, der sich auf seine Muttersprache verstanden hätte. Wann man sollte weiter gehen, und erklären, wen der Herr durch diese allgemeinen Klagen angreife; Was für grose Leute würden sich beleidiget finden? Wie? So soll dann aus so viel tausend gelehrten Pfälzern, aus so viel hundert Staatsklugen, aus so viel Prinzen und Landesherren noch kein einziger gewesen seyn, der so viel Einsicht gehabt hätte, als der Herr Verfasser, welcher der erste seyn will, der der ganzen Pfalz die Augen eröffnen könnte? Ja heutiges Tages weiß man nicht einmal etwas von einer Sprachlehre; man lehnt nicht einmal eine. Einige wenige nimmt er aus, die aber sehr dünn gesäet seyn sollen. Welche seynd nun diese wenige? Jene seynd es, die das Deutsch nach des H. Verfassers Art sprechen und schreiben. Folglich seynd alle diejenigen, die nicht nach des Herren Mundart: Märtyrer, Einwohner, Kümmernisse, denn, wenn,

wenn, sind, bässer, u. d. g. schreiben und sprechen, alle diese seynd in der Muttersprache unwissende, auf blinde Gewohnheit, oder in einem schwachen Eigendünkel sich gründende Leute. Ja Er scheinet alle diejenigen, die ihm widersprechen, aus der Reihe der Gelehrten auszuschliesen. Auf der 199 S. behauptet Er, das Wort sind sey die Sprache der Gelehrten. Er beweiset es aber nicht. Ich frage also den Herrn Verfasser, wie Er diesen Satz verstehe? Entweder muß Er denselben so verstehen: alle die seynd gelehrt, welche sind sprechen; oder also: alle, die gelehrt seynd, sprechen sind. Es giebt keine Ausflucht. Dann Er kann ihn nicht also auslegen: viele, oder die meisten Gelehrten sprechen sind. Warum dieses nicht? Weil er müßte zugeben, daß auch viele Gelehrten nicht sind, sondern seynd sprechen. Was folgt aus diesem? Daß Er keinen Sprachfehler für seynd hätte aufzeichnen dörfen; gleichwie ich es nicht thun darf; wann mir einer ein Wort, oder

ei-

eine lateinische Redensart in vielen gelehrten Autoren aufweisen kann; wiewohl auch viele andere dieses Wort anders schreiben.

So muß dann den Verstand dieses Götterspruches: Sind ist die Sprache der Gelehrten, einer aus den obigen Säzen getroffen haben? Welcher aber? Der erste: alle, die sind sprechen, seynd gelehrt? Das wird der Herr Verfasser hoffentlich nicht wollen? Sonst wäre ich ja schon als ein Kind gelehrt gewesen, und dieses hätte ich meiner Kindsmagd zu danken gehabt, welche mich gelehrt hat, sind zu sprechen. Ich wäre gelehrt geblieben, bis ich in die Pfalz bin gekommen; dann der pfälzischen Mundart zu lieb habe ich erst das Sind abgeleget. Aber nein, ich glaube selbst nicht, daß der Herr Verfasser seinen Saz also verstehe. Es ist noch eine Auslegung übrig; aber sonst keine mehr. Sind ist die Sprache der Gelehrten muß demnach so viel heißen, als: alle, die gelehrt seynd, sprechen sind. Wer nun dieses behauptet, der behauptet auch diesen Satz: Kein Gelehrter spricht anders als sind. Folglich ist keiner, der seynd spricht, gelehrt. So setzet dann der Herr alle jene Pfälzer, ja alle jene Deutschen, welche nicht sind sprechen, aus der Zahl der Gelehrten, Rechtsgelehrten, Aerzte, Dichter, Redner, Staatsverständige, Hof- und geheime Räthe, alle, alle gehören nach dem Herrn Verfasser außer der Reihe der Gelehrten. Aber Er nennet doch keinen? Neminem apello, sagt Er. Gut! so ist es mir erlaubet, in die Welt hinein zu schreiben: alle Pfälzer und Deutsche, alle Franzosen und Italiener seynd die dümmsten und ungeschicktesten Köpfe. Was will man mir sagen? Ich nenne ja keinen. Entweder hat der Herr diese Dinge mit bedacht geschrieben, oder nicht? Will Er das letztere nicht gestehen; so muß er zugeben, daß er mit Bedacht und Vorwissen die ganze Pfalz von dem geringsten Pöbel an bis auf die höchsten Personen beschimpfet.

2.

An der 10 S. schreibt der H. Verfasser: „sie glauben (die Pfälzer) die Aufnahme der Muttersprache habe mit den Künsten und Wissenschaften keinen nothwendigen Zusammenhang." Es scheinet mir kaum möglich zu seyn, daß dieses, ich will nicht sagen, alle Pfälzer, sondern auch nur einige, die sich um die Wissenschaften annehmen, glauben. Oder warum beweiset es der Herr nicht? Warum ziehet Er keinen einzigen an, der dieses glaubet? So viel kann ich die ganze redliche Welt versichern, daß kein Schüler in allen pfälzischen Schulen ist, dem man nicht gleich in der ersten Schule gesagt hat, wie viel an der Muttersprache gelegen sey; wann man sie recht liest und recht schreibet.

3.

An der 24 S. ruft der Herr ganz erbittert aus: „unbesonnene Verächter euerer Muttersprache! Feinde der einheimischen

Dichtkunst! u. s. f. „Auf wen fallen diese Donner herab? Auf die Pfälzer. Dann diese wollen nicht erwachen; sie wollen nicht einmal eine Sprachlehre lehnen u. s. f. Wann der Herr auch Recht hätte; so könnte ich dannoch nicht begreifen, wie Er gegen diese edle Nation so herb sich ausdrücken könne. Wann Er aber noch dazu Unrecht hat; werden es Ihm alsdann die Pfälzer leichtlich Verzeihen? Die Pfälzer seynd also Feinde der Muttersprache, und die Sachsen seynd beynahe die einzigen, welche dieselbe recht verstehen. Hätten Sie doch nur, mein Herr, eine Syllbe bewiesen! Sie haben es nur gesaget. Nun aber behaupte ich, daß, ins gemein zu reden, die Pfälzer weit besser sprechen, als die Sachsen. Ich kann Leute stellen, welche unter Sachsen und Pfälzern gewohnt haben. Diese kennen die Sprache beyder Nationen; und eben diese stimmen mir in diesem Stücke bey: daß die Pfälzer weit besser sprechen, als die Sachsen. Ich selbst

selbst kann mein eigenes Gehör zum Zeugen anführen. Ich wohne nun in der Pfalz, und kenne die Sprache der Pfälzer. Ich habe auch unter Sachsen gewohnt; ich habe täglich mit selben geredet, und ich muß vor der ganzen Welt betheuren, daß ich bey den Pfälzern bey weitem nicht so viel Sprach=fehler habe anhören müssen; als ich bey den Sachsen gehöret. Nebst dem, daß dieses Volk viele von jenen Fehlern an sich hat, welche der H. Verfasser den Pfälzern auch vielleicht unrechtmäßiger Weise vor=wirft, hat es noch viele andere. Ich ken=ne einen Lehrer, der mir öfters erzählet, wie viel Er zu thun gehabt habe, bis Er nur einem oder dem andern von seinen Sächsi=schen Schülern, das: herumkägen, an=statt herumjagen, Wettrichen, anstatt Wetter, der Stocke, Hute, Rocke, ja so gar: iche, due, ere u. a. d. in etwas abgewöhnet. Was sollen dann Schön=gelaich, Borne, sie Sinn, er gung, das ist jo fine, und schöne, geh ninter,

B 4   ich

ich kann es nicht gesehn, ich gespür nist oder nischt, er ist nich do, ich sags doch nich und hundert andere dergleichen Wörter heißen? Aber so redet in Sachsen nur der Pöbel? Das will ich gleichwohl zugeben. Aber alsdann wird mir erlaubt seyn zu sagen, daß auch in der Pfalz nur allein der Pöbel das Hör, dreymol u. d. g. spreche. Wann die Pfälzer das ischt weg lassen; wann ihre Sprache aus dem Munde eines gelehrten, oder auch nur eines ehrbaren Mannes ertönet: so ist sie die reinste und schönste im ganzen Deutschlande. Sie gleichet einem reinen Silberflusse, der sanft, ungezwungen und angenehm dahin rollt. Will der Herr aber die Rechtschreibung vorwerfen; so ist es nicht dem also, daß die Pfalz gar nichts weiß von einer Sprachlehre, wie der Herr an der 8 S. behauptet. Wo ist ein gelehrter Pfälzer, aus dessen Feder ein Fehler der pfälzischen Aussprache z. B. ein ischt, hot u. d. g. fließt? Aber man weiß doch nichts von Regeln, von Ab-
än-

änderungen der Hauptwörter, von der Verschiedenheit der Zeitwörter, der Nennwörter u. a. d. ? Das wäre freylich schlecht. Allein nebst dem, daß man das meiste schon aus der Aussprache abnimmt; so ist dieses das erste, von dem man so gar in den lateinischen Schulen handelt. Gleich in dem Buche für die erste Schule ist ein Anhang von der deutschen Rechtschreibung. Von der 210 S. bis an die 253. Ja gleich von Anfange des Buchs seynd die Abänderungen der, wie Er sie nennet, deutschen Nennwörter, Fürwörter u. d. g. bis an die 61 S. Dieses kann nun die ganze Welt mit Augen sehen, und der Herr schreibt dannoch: man weiß in der Pfalz nichts um eine Sprachlehre; man lehnt nicht einmal eine. Wann aber der H. Verfasser sich an einigen Fehlern aufhalten will, oder an etlichen Wörtern, wegen welchen der Streit unter den Sprachlehrern sich noch nicht geendiget hat; oder wann er die Rechtschreibung in denn, wenn, sind,

Küm-

Kümmernisse u. d. g. setzet: so ist Er nicht zu überzeugen. Seynd auch einige Schnitzer in diesem Buche; so wird sie ein geschickter Lehrer leicht verbessern.

4.

Von der 54 S. bis an die 776 S. spricht der Herr von dem Zustande der Sprache in der Pfalz ganz erbärmlich. Die Schulbücher, die Schriften der Rechtsgelehrten und Kanzeleyen nennet er einen erbärmlichen Mischmasch. Er vergleichet sie einem durcheinander gehackten Muse. Sie seynd ihm ein recht buntscheckigtes Muster der elenden deutschen Sprache u. s. f. Den Hofleuten in Mannheim giebt er die oberste Reihe der Sprachsticker. Keine babylonische Verwirrung glaubt er ärger zu seyn, als die Verwirrung unserer Sprache. Die deutschen Kriegesleute scheinen ihm, ihr Kriegeswesen von den Franzosen erlernt zu haben u. s. f. „Bey einem ehrlichen Deutschen, sagt Er an der 59 S., muß diese „Sprache einen Ekel erwecken." Also giebt

giebt es in der Pfalz keinen ehrlichen Deut=
schen; weil die Pfälzer nach des H. Ver=
fassers Aussage nicht allein keinen Eckel dar=
über schöpfen; sondern sich dieser Sprache
noch ohne Ausnahme bedienen? Was ist
dann endlich die Ursache, daß die liebe
Pfälzer so unmitleidig hergenommen wer=
den? Er sagt: die Sprache ist bey uns von
einer unzählbaren Menge ausländischer
Wörter und Redensarten, wie von einem
reißenden Strome überschwemmet. Er
nimmt Niemanden aus. Alles, was am
pfälzischen Hofe ist, die Gelehrten, und
der Pöbel, alles muß herhalten. Die
Gottesgelehrten, und das vornehme
Frauenzimmer nimmt Er miteinander; und
die Kriegesleute ziehet Er ganz besonders
durch die Hechel. Ja, wann der H. Ver=
fasser Recht hat, so müsset, ihr Herren Pfäl=
zer, dieses alles gedulden. Aber ich fürch=
te, manche Kunstrichter möchten finden,
daß sich der Herr verstosen habe. Wären
Sie, mein Herr, dabey geblieben, daß vie=

le

le Pfälzer (dieß geschieht auch bey allen andern deutschen Nationen, so gar auch bey den Sachsen) aus Stolze oder andern dergleichen Ursachen lateinische und französische Wörter in ihre Sprache mischen: so hätte man vielleicht nichts auszustellen, als die herbe Ausdrüke, deren Er sich bedienet. Da aber der Herr an der 74 S. behauptet, diese Einmischung geschehe meistentheils aus Armuth, das ist, aus Unerfahrenheit ihrer Muttersprache: so kann man Ihm unmöglich beystimmen. Wie? Ihr Hochansehnliche Hofherren und Hofdamen! Ihr sollt zeither nichts gewußt haben von den Wörtern: Ueberfluß, Sachwalter, Ergätzlichkeit, Vorzimmer, Alterthümer, Schatzkammer, Zusammenkunft, Beysitzer, Zugesellt, Gehör, befördert werden, Gehalt, Tanz, und einem schweren Bandvoll anderer dergleichen? Wann dieses wahr ist, so setzet euch der Herr billig in die oberste Reihe der Unerfahrenen in euerer Muttersprache. Könnet ihr aber

dem

dem Herrn beweisen, daß ihr diese Wörter
kennet; so wird Er ja eingestehen, daß Er
euch Unrecht thue. Ihr tapfere Krieges-
männer, denkt! ihr sollt bisher nicht gewußt
haben, was das sey: ein Heer, Vortrab,
Nachtrab, Gefecht, Laufgräben, Ge-
schütz, angreifen, an der Spitze, Bunds-
genossen, Abzug, Anrücken, und andere dergleichen. O! so nehmet das Werkchen des H. Verfassers in die Hand! da
könnt ihr hundert dergleichen unbekannte,
euch Unwissenden niemals zu Ohren gekom-
mene Wörter lesen und auswendig lernen.
Aber das gemeine Volk wird sich nicht entschuldigen können? Dieses wird gestehen
müssen, daß es die französische Sprache aus
Noth lerne; weil es nicht weiß, was folgende Wörter heißen: abstreiten, entfer-
nen, lossprechen, ungereimt, annehmen, Vertrag, genau u. s. f. Sie sehen
hier selbst, mein Herr, daß Sie der Pfalz
Unrecht thun: weil ja ein Kind von sieben
Jahren die meisten dieser Wörter schon weiß.

Was-

Warum sagen sie dann, die ganze Pfalz müsse aus Armuth, aus Unwissenheit und Abgange dergleichen Wörter zu anderen Sprachen die Zuflucht nehmen? Sollte es auch geschehen, daß einem ein dergleichen deutsches Wort nicht gleich beyfiele; so geschieht es nicht; weil seine Sprache arm ist; sondern weil er sich mit Fleiße andere Sprachen zu sehr angewöhnet hat.

5.

An der 90 S. sagt der H. Verfasser: wir sollen die Aussprache vieler deutschen Wörter von den Franzosen, oder von den Herren Kölnern lernen. Warum dann nicht von den Sachsen, die schon über neunhundert Jahre an der Muttersprache arbeiten?

6.

An der hundert und ein und fünfzigsten S. heißt es also: „Die Pfälzer giesen ur„sprünglich deutsche, und damit Verwandte „Namen über die lateinische Form, als: . . . „vom Kaiser Augusto.„ Wann ich ein wenig Latein verstehe; so ist das Wort: Augustus

stus weder ein mit dem Deutschen verwandtes, noch ein ursprünglich deutsches Wort. * Es kommt her von Augeo, oder augurium. Das lateinische Wort aber kommt her von αὔγω augeo ** oder seynd vielleicht dieses auch deutsche Wörter?

7.

An der 191 S. vergleicht der H. Verfasser das Urtheil der mehrsten Pfälzer, die sich für Poeten ausgeben mit dem Urtheile des Midas, welchem der Apollo soll Eselsohren angesetzet haben; weil er so närrisch und tollsinnig geurtheilet hat. Ihr Herren Pfälzer! wie gefällt euch dieser Lorberkranz? Was ist zu machen? Der Herr Verfasser scheint euch selben aufzusetzen. Ihr müsset ihn euch gefallen lassen. Doch einen will der Herr Verfasser noch völlig von dem Ehrenzeichen befreyen; weil es demselben nur noch an der Reinigkeit der Sprache gebricht. Einen anderen Dichter würde Er als

* vide P. II. Sylvæ vocabulorum Decimatoris.
** Scient. latin. R. P. Nicol. Hertling S. J.

als ein Muster vorstellen; wann eben so viel Nachdruck, als Reinigkeit in seinen Reimen anzutreffen wäre. Aber wie wird es mit den übrigen ergehen? Sie müssen sich halt mit dem Lohne des Midas begnügen. Dieses könnte ich noch alles ohne sonderliche Regung sehen: aber warum bedienen Sie Sich doch, mein Herr, so unfreundlicher Ausdrücke? Fürwahr, wann ich nicht wüßte, daß Sie die liebreicheste Person von der Welt wären; wann mir nicht Leute, die Sie kennen, gesagt hätten, Sie seyn die Liebe selbst: so hätte ich mich nicht einhalten können zu glauben, Sie suchen mit aller Gewalt die ehrwürdigsten Leute bey dem Volke verachtet, und verhasset zu machen. Bedenken Sie doch nur jene jammernden Ausrufungen an der 200 S. Seynd diese Worte liebreich? Seynd sie Freundlich?

8.

An der 127 S. sagt der Herr: es ist zu bewundern, daß die meisten deutschen Sprach-

Sprachlehrer diesem Stücke (Er redet von den vier Endungen der deutschen Abänderungen) so wenig nachgedacht haben. Wie hat dann der Herr Verfasser diesen Gedanken bekommen? Das weiß ich nicht. Aber so viel weiß ich, daß dieß alles in den Zweifeln von der deutschen Sprache P. Weitenauers der Gesellschaft Jesu steht. Und an welchem Blatte steht es? Von der 41 bis an die 45 Seite. Ja die Beyspiele, welche P. Weitenauer anführet, seynd schier alle eben dieselbe, welche der H. Verfasser anzieht.

§. III.
Von der lateinischen Sprache.

I.

„Wie viel Köpfe, fragt der H. Verfas„ser an der 20 S. findet man in einer gan„zen Nation, die sich im Lateine recht um„gesehen haben?„ Ich bekomme schier Lust, anstatt auf dieses Antwort zu geben, eben die-

diese Frage vorzustellen. Doch ich beantworte sie: wem es Ernst ist, dieses zu wissen; der befrage sich darum bey denen, welche sich als Lehrer der lateinischen Sprache ausgeben. Man darf nur ein Aug in die Büchersäle werfen: da wird man unzählbare lateinische Werke von allen Nationen erblicken. Oder schlage man nur einen Moreri auf, welcher die Vortrefflichsten Urheber lateinischer Werke gesammelt hat.

2.

Der Herr Verfasser fragt weiter fort: „wie viele sind ihrer, die sich im Stande „befinden, ein lateinisches Buch deutlich „zu erklären, oder, welches noch um eine „gute Staffel höher ist, bündig zu verfas„sen?„ Was das erste angeht; so beliebe der H. Verfasser nur einmal in die lateinischen Schulen zu gehen. Da wird Er Knaben von 12, 13, 14 Jahren antreffen, die Ihm diesen Knoten auflösen werden. Sie werden Ihm den Cicero, den Tacitus, Cur-

Curtius, Cäsarn, Oviden, Horazen u. a. b. deutlich erklären. Thun Ihm aber die Knaben nicht genug mit jenen Stellen, welche in ihren Schulbüchern versammelt seynd; will der Herr die ganzen Bücher ausgeleget haben; so werden sich die Lehrer der Knaben ohne Zweifel eine Freude daraus machen; wann sie Ihm damit dienen können.

Was das Bücher verfassen angeht; so dörfen sie ja nur, mein Herr, die schönen Bücher und Schriften, so jährlich in Deutschland ausgehen, betrachten. * Nur allein die Gesellschaft Jesu zählet in dem ersten Jahrhunderte von ihrer Stiftung an über 8000 in unterschiedlichen Landen herausgegebene, meistentheils lateinische Bücher. In dem zweyten Jahrhunderte aber noch viel mehr. Es war von langen Zeiten her kein Jahr; da nicht in unserer Pfalz theils lateinische Bücher, theils wohlverfassete lateinische Schriften seynd ans Taglicht getreten. Wir haben ja erst kürzlich wieder die

---

* Lineck in Imag. S. P. Ignatii.

die Probe gesehen an einer schönen und prächtigen lateinischen Rede, in welcher das Lob den Wissenschaften und der Heidelbergischen Universität gesprochen wird. Ist diese Rede nicht eben so zierlich, eben so prächtig, als wie sie in der lateinischen Sprache ist, in die deutsche übersetzet worden? Endlich sage ich alles mit wenigem: so viel zum wenigsten, als lateinische Lehrer in den pfälzischen Schulen seynd, befinden sich im Stande, ein lateinisches Buch Bündig zu verfassen. Giebt man nicht jährlich die Probe davon? Werden nicht alle Jahre vier lateinische Gedichte, und vier lateinische Reden von den Lehrern der Dicht- und Redekunst verfasset und von den Schülern in Gegenwart der gelehrtesten Leute von öffentlicher Schaubühne gesaget? Werden nicht jährlich wohlverfassete lateinische Schauspiele vorgestellet? Geben diese Lehrer nicht in vielen anderen Gelegenheiten die Probe ihrer Erfahrenheit in der lateinischen Sprache an den Tag? Weiter will der Herr

an

„an der 20 S. um alles in der Welt wet=
„ten, daß unter tausend Lateinern, die man
„aus dem gemeinen Haufen zuführen sollte,
„kaum zehn wären, welche Makons Welt=
„weisheit, oder Hallers Naturkunde, an=
„derer dergleichen Schriften zu geschweigen,
„recht verstehen würden, ohne ein Wörter=
„buch, oder einen Dollmetscher an der Sei=
„te zu haben.„

Wen versteht der Herr durch den gemei=
nen Haufen der Lateiner? Versteht Er den
Pöbel, oder die Lehrlinge, oder die Lehrer
der lateinischen Sprache? Die ersten kann
Er nicht verstehen; dann es wäre ja artig
durch die Unwissenheit des Pöbels, oder der
Anfänger hier etwas beweisen wollen. So
meint Er dann diejenigen, die sich für Ken=
ner der lateinischen Sprache ausgeben? Ich
glaube, jene Leute, welche die lateinischen
Urquellen Tag und Nacht verkosten, und
ausschöpfen; werden auch die Bächlein er=
schöpfen können? Jene philosophischen Leh=
rer, welche in benachbarten hohen Schulen

Makons Weltweisheit öffentlich vorlesen, werden ja keinen Dollmetscher an der Seite haben? Es ist wahr, daß es lateinische Werke giebt, die mancher gute Lateiner nicht verstehen sollte. Sie seynd aber von jener Art, von denen Muretus sagt: daß Cicero und andere weiseste Römer selbst einen Dollmetscher dazu haben müßten.

§. IV.
Von den pfälzischen Predigern.

I.

Von der 29 S. bis an die 31. steiget der H. Verfasser über die Prediger hinein. Er bedienet sich sehr herber Ausdrücke. Der größte Haufen der pfälzischen Prediger soll den Namen eines Redners nicht verdienen? Können Sie uns dann zumuthen, mein Herr, daß wir Ihnen ohne allen Beweis, Glauben beymessen sollen? Ich habe nun die Prediger in Mannheim schier alle gehöret; ich habe Prediger von Heidelberg, von Neu-

Neuſtadt, und anderen Orten, und ſo gar von Dorfſchaften gehört: aber ich muß hoch betheuren, daß ſchier alle das innere der Redekunſt, nämlich die Erfindung der Bewegungsgründe u. d. g. trefflich verſtanden haben. Habe ich aber auch Beweiſe? Ja! ſo viel als der Herr Verfaſſer für das Gegentheil. Der Herr ſpricht es mit einem entſcheidenten Tone, und das iſt ſein ganzer Beweis. Das iſt mir aber nicht genug. Ich berufe mich auf das Zeugnuß der ganzen Stadt, und aller Kenner der Redekunſt, und endlich auf meinen eigenen Geſchmack. Ich weiß, was zu einem Redner gehöret. Ich könnte den Beweis gleich hieher ſetzen, und zwar handgreiflich; aber es kommt mich etwas zu hart an, vieles von mir ſelbſt zu ſprechen.

2.

Den Namen eines Redners kann man den pfälziſchen Predigern auch nicht abſprechen wegen der Sprache. Schier alle haben eine ſolche Sprache, die ſich auf die

Kanzel schicket. Sie richten sich nach dem Volke; und wann man haben will, daß sie anders reden sollen; So muß man zu erst das gemeine Volk zu einer andern Sprache gewöhnen. Ich bitte Sie selbst, mein Herr, zu erwägen, was das gemeine Volk denken würde; wann die Prediger anders sprächen. Welches Gelächter würde in den Kirchen entstehen; wann sie das öftere E, die Märtyrer, Aergernisse, das wenn, sind u. d. m. auf die Kanzeln brächten?

3.

An der 31 S. ruft der H. Verfasser ganz höhnisch auf. „Edle Früchte der lateini„schen Schulen! so tüchtige Helden in der „Redekunst treten aus denselben zum Nutzen „des Vatterlandes hervor.„ Also jammert der Herr, nachdem Er blos gesagt, wie elendig, wie erbarmungswürdig viele von den Kanzeln klappen. Er hat wiederum nicht das geringste bewiesen. Oder soll vielleicht jener Prediger der Beweis seyn, von

von dem Er gesagt, daß er noch nicht lange so erbärmlich geprediget hat? Zum wenigsten nach Erzählung dieses Beyspieles macht Er diese jämmerliche Ausrufung. Urtheilen Sie nun wiederum, mein Herr, ob dieß recht gefolgeret sey? Ein Prediger hat schlecht geprediget: also bringen die lateinischen Schulen schlechte Früchte hervor. Wann dieses gilt: so darf ich über alle Universitäten, Akademien, Schulen in der ganzen Welt; Ja über das Evangelium selbst schmähen. Ich erzähle z. B. die schlechte Aufführung einiger Christen; dann rufe ich aus: edle Früchte des Evangeliums u. s. f.

§. V.
Von den pfälzischen Schulen.

Von der 36 S. bis an die 42 S. beklagt sich der H. Verfasser, daß man einen Umweg im Lehren nehme, und die Wortforschung, (Etymologia) lateinisch gebe. Diesen erstaunlichen Umweg haben die Knaben gemeiniglich in vier Wochen gemacht. Freylich wäre auch dieses die Zeit verdorben; wann man nur, wie der Herr sagt, die Ohren der Knaben mit diesen lateinischen Wörtern anfüllete. Aber wo ist jemals ein Lehrer gewesen, der sie nicht zu deutsch erkläret hat? Es ist wahr: man erklärt sie nicht auf eine so undeutliche Art, wie der Herr Verfasser sie auslegt; aber doch weit faßlicher. Oder wann seine Auslegungen so verständlich seynd; warum setzt dann der Herr meistentheils das Latein hinzu, daß man sein Deutsch verstehe? Ich glaube, es würde vielen bey dieser deutschen Wortfügung ergehen; wie der Herr sagt, daß es Ihm bey der lateinischen ergangen ist.

2.

An der 43 S. redet der Herr von der Rechtschreibung. Er besorget, die Knaben wüßten keinen Unterschied zu machen unter Weyde, pascua, und weide salix u. d. g. Ich

Ich bitte den Herrn, Er möge sich doch nur die Mühe geben, und das Schulbuch für die erste Klasse aufschlagen. Von der 212 bis an die 248 S. wird Er der Menge nach den Unterschied dergleichen deutschen Wörter lesen können.

3.

Von der 45 S. bis auf die 54 S. geht der Herr auf die lateinischen Schulen ganz unbarmherzig los. Ich wäre zu den bissigsten Ausdrücken unempfindlich; wann es dem also wäre, wie der Herr sagt. Ich kann nicht fassen, wie ein so gelehrter und tiefsinniger Geist in diese Irrthümer gerathen sey. Er will beweisen, daß es heutiges Tags mit den Schulen in der Pfalz schlecht aussehe. Und welche Probe zieht Er an? Er sagt: Er habe (vorzeiten zu Köln) in den Schulen nicht viel gelernet. Wie? Ist vorzeiten und heutiges Tages, zu Köln und in der Pfalz ein Ding? Aber es ist doch die nämliche Lehrart? Wann ich dieß auch zugebe; wie wird der Herr alsdann kann sich rechtfertigen; wann ich Ihm beweise, daß der geringste in jeder Klasse mehr weiß, als der Herr sagt, daß Er nach durchgangenen Schulen gewußt habe? Ja, was wird der Herr sagen; wann ich Ihn überzeuge, daß in jeder Klasse zu Mannheim und in andern pfälzischen Oertern mehr gelehret werde, als der Herr behauptet, daß man durch alle Klassen lehre? Seine Worte lauten also: „Ich bin die unteren „Schulen glücklich durchgangen... Der „Bart war mir beynahe gewachsen, ohne „zu wissen: wie ich meine tägliche Ausga„ben anders, als auf den Fingern berech„nen sollte; aus wie viel Theilen die Welt „bestände; ob nicht vielleicht Holland ir„gendwo an Sardinien gränzete u. s. f. „Ich würde nicht gewußt haben, was ich „einem wilden Amerikaner antworten sollte, „der mir behauptet hätte: die Erdkugel „ruhete auf den Hörnern einer Kuhe. So, „so sieht es im Kopfe der lateinischgelehrten „jungen Leute aus! ach! mit welchen Aus„drücken

„drücken soll ich ihr Schicksal entwerfen?
„Ich habe keine in meiner Macht, die stark
„und bündig genug wären.„

Wann diese Dinge die pfälzischen Schüler nicht schon in der ersten Klasse höreten: so hälfe ich dem Herrn weinen, und jammernde Ausdrücke erdenken. Ein Lehrer in den lateinischen Schulen sprach hierüber mit mir also: nachdem ich dieses Stück gelesen hatte, gieng ich lächelnd in die Schule; und trug diese Fragen eine nach der andern meinen Knaben vor. Da sie mir nun alle diese, und noch weit mehr Fragen von dergleichen Dingen beantwortet hatten: setzte ich hinzu: ich kenne Leute, welche von diesem allem nach durchgangenen unteren Schulen nichts gewußt haben. Da bekam ich eine Antwort die ich aus Höflichkeit verschweige. Aber, sagte ich, diese Leute behaupten doch, sie haben viele Preise davon getragen? Sie staunten mich an, und fragten, wie dieses möglich sey?

4.

Ich will nun der ganzen Welt vor Augen legen, welch Unrecht den lateinischen Schulen geschehe, daß der Herr sagt: „Dieſe lange und edle Zeit (wo ſie in die Schulen gehen) bleibt der Verſtand der jungen Leute brach liegen.... Beym Austritte aus den Schulen ſehen ſie einem rohen ſtücke Holzes gleich."

Was lehret man dann heutiges Tages in den pfälziſchen Schulen? Man beliebe nur ein Aug in die Schulbücher zu werfen. In der erſten Klaſſe wird die lateiniſche und deutſche Rechtſchreibung gleich anfangs vorgenommen. Man ſehe das Schulbuch ein von der 204 S. bis auf die 253 Seite. Die lateiniſche und deutſche Wortforſchung (Etymologia) von der 9 bis an die 61 S.

Von der 62 S. bis an die 174 S. lernen die Schüler viel hundert deutſche und lateiniſche Wörter, ihr Geſchlecht, ihre Abänderungen u. d. g. lateiniſche und deutſche Re-

Redensarten u. s. f. Von der 175 S. bis 203 ist die lateinische Wortfügung (Syntaxis) und damit diese in beyden Sprachen vollkommen beygebracht werde, so wird alles, was lateinisch vorkommt, zu deutsch ausgeleget. Es werden alle Tage einige fein ausgearbeitete deutsche Zeilen in das Latein zu übersetzen auferleget. Von der 261 bis an die 284 S. wird wiederum von unterschiedlichen Schwierigkeiten, die sowohl im deutschen als lateinischen vorkommen abgehandelt. Von der 288 bis an die 300 S. seynd die ausserlesenste Sprüche aus den alten Schriftstellern, welche von den Knaben in das Deutsch übersetzet werden. Und dieses alles ist noch das wenigste. Dann kommt erst die Fabellehre, die Leben der grösten Feldherrn, so jemals die Welt gesehen hat, aus dem Cornelius Nepos; die Art Briefe zu schreiben in dem Beyspiele des Cicero; die schönsten Gespräche von unterschiedlichen Sachen; deutsche und lateinische Redensarten u. s. f. Nebst diesem lernen die Knaben die Historie des alten Testaments, das erste Hauptstück der christlichen Lehre deutsch und lateinisch, die Anfangsgründe der Rechenkunst, der griechischen Sprache u. a. s. m.

In der 2ten Klasse werden die nothwendigsten Sachen, die man in der ersten abgehandelt, wiederholet. Sieh das Schulbuch von der ersten bis auf die 20, und von der 58 bis auf die 83 S. Die grösere Schwierigkeiten der lateinischen Wortfügung werden erkläret von der 84 bis an die 164 S. Von der 165 S. bis 178. wird von der lateinischen Rechtschreibung gehandelt. Von der 20 bis 58 S. müssen die Knaben eine grose Menge unterschiedlicher deutscher und lateinischer Wörter sammt derselben Endungen lernen. Von der 178 S. bis an die 228 S. wird von der Reinigkeit, Eigenschaft und Zierlichkeit der lateinischen Sprache gehandelt. Dann folget das römische Münzwesen, der römische Kalender bis 234. Es wird die Kunst

Kunſt Briefe zu ſchreiben erkläret. Die auserleſenſte Briefe eines Cicero werden ins Deutſch überſetzet. Es werden von den Schülern nach deſſen Beyſpiele, und nach der Anweiſung der Lehrer deutſche ſo wohl, als lateiniſche Briefe verfaſſet. Von der 273 S. bis an die 203 S. ſeynd die ſchönſten Stellen aus den berühmteſten lateiniſch- und griechiſchen Autoren, deren Schreibart abgeſchildert, und von denen den Schülern eine genugſame Kenntnuß beygebracht wird. Die Stellen, die voll der ſchönſten Geſchichten ſeynd, werden wiederum ins Deutſch überſetzet. Alsdann folgen Geſpräche, durch welche den Knaben die Höfligkeitsregeln, und chriſtliche Lehrſtücke eingeflöſet werden. Drauf hundert ausgeſuchte Geſpräche, in welchen von alten und neuen Helden, von berühmteſten Städten, von Gebräuchen unterſchiedlicher Völker, von den heydniſchen Gottheiten, von den Wunderwerken der Welt, von allerley Fabeln, von verwunderlichen Zufällen, von

D Welt-

Weltweisen, von auserordentlichen Grosthaten, von Thieren, Gärten, Landschaften, und noch viel hundert andern Sachen gehandelt wird. Von der 355 bis an die 376 S. stehn deutsche und lateinische Complimenten, die man bey Besuchungen, Glückwünschungen und andern dergleichen Gelegenheiten abzustatten hat. Von der 377 bis an die 412 S. wird die Prosodie oder Tonmeßkunst erkläret, und die schönsten Stellen aus den Trauergesängen Ovids ins Deutsch übersetzt. Dann folget die Erklärung der griechischen Zeitwörter, der schönsten Sprüche der griechischen Weltweisen, und des ersten Kapitels aus dem Evangelium des H. Johannes. Nebst allem diesem lernen die Knaben das Hauptstück von der Hoffnung deutsch und lateinisch; die Geschichten der vier grosen Monarchien, der assyrischen nämlich, der persischen, der griechischen und der römischen.

In der dritten Klasse wird die lateinische Wortfügung, die Eigenschaften und Schönhei=

heiten dieser Sprache, die Kunst Briefe zu schreiben, die Prosodie nach ihrem ganzen Umfange abgehandelt. Man sehe das Schulbuch ein von Anfange bis an die 370 S. wie alles so fein, so vernünftig, und so faßlich vorgestellet wird; wie alles durch die Beyspiele der vortreflichsten Autoren erkläret wird; wie alles mit den schönsten Geschichten, Lehren, Fabeln, und tausend andern Sachen ausgeschmücket ist; wie eine vollkommene Kenntnuß der Autoren von allen Jahrhunderten den Knaben beygebracht wird; wie endlich alles nach dem feinsten Geschmacke so eingerichtet ist, daß ein Knab gewiß mehr, als ein Maulvoll Latein lernen, und nicht mehr einem rohen Stücke Holzes gleich sehen muß. Von 371 bis 496 seynd die unvergleichlichsten Stellen aus einem Cicero, Livius, Tacitus, Curtius, Seneka, aus Cäsarn, Oviden, Meyern, aus dem Massenius, Hoschius, Gazäus, u. a. m. Diese werden nun alle verdeutschet, ja von vielen werden die Poeten

ten nicht allein ins Deutsch, sondern auch in Verse übersetzet. Nach diesem wird die griechische Wortfügung erkläret, welche mit den Fabeln Aesops angenehm gemacht wird. Man lernet beynebens die Geschichten der römischen Kaiser von Constantinen bis auf die letztern römischen Monarchen, und die Rechenkunst und christliche Lehre nehmen auch ihren Fortgang.

Was brauchet es so viel Wesen? Wer das Latein versteht, der darf nur die Bücher für die vierte und fünfte Schule einsehen; um überzeuget zu seyn, daß der Kern aller Gelehrtheit in den Schulen vorgeleget werde. Was die Dichtkunst reizendes, und was die Redekunst glänzendes und erhabenes hat, das ist in diesen Büchern verfasset. Alles ist voll der schönsten Regeln, der prächtigsten Züge, der vollkommensten Beyspiele. Welche Majestät, welches Feuer, und welche Annehmlichkeit ist nicht in den angeführten Stellen? Welche Nettigkeit und Vortrefflichkeit in den so faßlich hingelegten Grund-

Grundsätzen? Welcher Glanz in den Beschreibungen? Welche Pracht und Anmuth in den Anreden? u. s. f. Ich muß von mir gestehen, daß ich diese Bücher nicht genug lesen kann, und daß ich sie niemals, als mit Zwange und Widerwillen von mir lege. Wer darinnen seine Lust nicht findet, der ist ein Mensch von verdorbenem Geschmacke, oder er versteht kein Latein. Nun ist man wieder beflissen, daß man alle diese Dinge in das feinste Deutsch übersetze. Ich sage alles kurz, ein gelehrter weiß, was in meinen Worten enthalten ist: die Dicht-und Redekunst werden nach ihrem ganzen Umfange in diesen Büchern abgehandelt. Zudem seynd noch besondere Bücher in diesen Schulen für die Erdbeschreibung, Wappenkunst, und Kirchengeschichte; welche, von was für einem Werthe sie seynd, nur jene wissen, welche diese Bücher eingesehen haben. Ich habe noch nichts gesagt von den öftern Uebungen auf den Schaubühnen, wo die Knaben beherzt und geschickt gemacht

macht werden, mit der Zeit auf den Kanzeln, oder in andern Gelegenheiten mit Ehren erscheinen zu können. Was für ein Vorrath für die Gottesgelehrtheit wird ihnen nicht beygebracht in den öftern christlichen Lehren und Predigen, welche in den Schulen gehalten werden. Man sehe nur, was in dem einzigen Büchlein P. Widenhofers enthalten ist. Ich umgehe hunderterley andere Sachen, welche Niemanden unbekannt seyn können, als allein dem, welchem die Bosheit, oder der Neid die Augen bindet.

Dieses ist nun beyläufig, was in den pfälzischen Schulen gelehret wird. Haben Sie dieses vielleicht nicht gewußt, mein Herr! warum schreiben Sie dann so schimpfliche Sachen in die Welt hinein? Hätten Sie nicht zuvor die Schulbücher einsehen sollen? Haben Sie es aber gewußt; wie haben Sie dann schreiben können: man lerne keine Historie, keine Rechenkunst, keine Erdbeschreibung, kein Deutsch und dergleichen

chen in den Schulen? Von mir gestehe ich es: wann ich öffentliche Lehrer, wann ich eine ganze Gemeinde so hätte abgeschildert: ich würde mir ein Gewissen daraus machen. Ich hoffe, mein Herr, Sie werden dieses selbst einsehen. Oder haben Sie etwas einzuwenden? Wollen Sie verneinen, daß die Schüler diese Dinge gelehret werden? Das kann aber unmöglich seyn. 1. Weil alle Schüler dieses bezeugen würden. 2. Weil es die Schulbücher der ganzen Welt vor Augen legen. 3. Weil man jährlich öffentliche Probstücke (specimina) von diesen Sachen giebt. Glauben Sie meinen Worten noch nicht; so können Sie selbst alles mit Augen sehen und mit Ohren hören. Wollen Sie aber sagen: das mag wohl heutiges Tages seyn; vorzeiten war es nicht so. Allein Sie haben ja ihr Werkchen nicht zum Nutzen vergangener Zeiten geschrieben. Und wann es zur Warnung der heutigen Pfälzer ausgegangen ist; so bleibt die vorige Frage: warum Sie schreiben:

ben: man lerne in den pfälzischen Schulen keine Rechtschreibung, keine deutsche Sprache, keine Historie, keine Erdbeschreibung u. s. f. da doch dieses die tägliche Erfahrnuß widerleget. Es bleibt die Frage: warum Sie aus dem, daß Sie (vor Zeiten zu Köln) nicht viel gelernet, beweisen wollen: die Schulen in der Pfalz werden heutiges Tages schlecht versehen? Aber sah es vielleicht vorzeiten so schlecht in den Schulen aus? Keineswegs. Es bezeugen dieß die so grosen Männer, welche darinnen seynd erzogen worden. Man lehrte vorzeiten in den Schulen eben das, was man heutiges Tages lehret, einige Wissenschaften allein ausgenommen, die man nicht so sehr, wie heutiges Tages betrieben hat. Vielleicht aber fangt man itzt, seitdem der H. Verfasser sein Werkchen hat ausgehen lassen, erst recht an, die Augen aufzuthun? Auch dieses nicht. Schon vor zwanzig Jahren hat man alle obbemeldte Stücke in den pfälzischen Schulen gelehret. Die dermalige

lige Schulbücher seynd schon im Jahre 1750 zu Mannheim gedrucket und in die Schulen eingeführet worden. Man kann in diesen Büchern gar nichts ausstellen, als einige deutsche Sprachfehler, welche doch viele entschuldigen. Allein auch dieser Einwurf kann nun nicht mehr gemachet werden; indem bald alles, was nur mangelhaft scheinen kann, durch Beyträge wird verbessert werden.

5.

An der 25 S. beschreibt der Herr die Vortrefflichkeiten der Redekunst, und aus derselben Vortrefflichkeit machet Er diesen Schluß: „Unsere Schulen mishandeln die „Redekunst; da sie dieselbe nicht anders „als in lateinischer Sprache vortragen." Zwo Ursachen bringt der Herr zur Probe. Erstlich, sagt Er, giebt es wenige, so der lateinischen Sprache mächtig sind; zweytens ist die Anzahl der Künste gros, die in das Gebieth der Muttersprache gehören.

Was das erste angeht, daß es wenige seynd, die (hier scheint Er von den Lehrern zu reden) der lateinischen Sprache mächtig seynd, hat Er weder an diesem noch an dem 8 §. bewiesen. Oder soll vielleicht fragen und beweisen ein Ding seyn? Ich aber habe am 3 §. gezeiget, daß es viele seynd, die der lateinischen Sprache mächtig seynd.

Was das zweyte angeht, so ist wahr, daß viele Wissenschaften in das Gebieth der Muttersprache gehören; aber ich kann nicht sehen, wie daraus folgen soll, daß in den lateinischen Schulen die Redekunst mishandelt werde. Und warum bezieht sich der H. Verfasser auf den 9 §? Oder gehört der Feldbau, die Landwirtschaft, die Baukunst, die Schiffart, die Wappen-Kräuter- und Zergliederungskunst u. d. m. zu der Wesenheit der Redekunst? Ja, dieses scheint der Herr zu behaupten. Dann Er sagt: „Da die Redekunst nicht anders, „als in lateinischer Sprache vorgetragen „wird: so raubet man diesen Künsten und

Wis=

„Wissenschaften die Seele, ohne welche sie „einem todten und misstalteten Körper „gleich sehen. u. s. f.„ Aber, mein Herr, es giebt unter alten und neuern Redner, die eben nicht nothwendig gehabt, sich in der Kräuter-Bau-und andern Künsten umzusehen. Hierdurch will ich eben nicht sagen, als erstrecke sich die Redekunst nicht über alle Wissenschaften. Nur dieses allein behaupte ich, daß man die Redekunst in den lateinischen Schulen nicht mishandle; weil viele Wissenschaften in die Muttersprache einschlagen. Die grösesten Redner in Deutschland und in Frankreich seynd fast der ganzen Welt bekannt. Sie haben ihre Redekunst in den lateinischen Schulen erlernet. Sie haben nicht nöthig gehabt, ihre Muttersprache also zu erlernen, daß sie sich auf die Landwirtschaft, Baukunst, Schiffart u. a. d. verstanden hätten. Oder wann man doch endlich die Redekunst sollte deutsch geben; was für Nutzen würden dergleichen Wissenschaften, als die Landwirtschaft,

schaft, die Wappen-Kräuter- und Zergliederungskunst u. a. d. daraus ziehen? Gewiß nicht mehr als aus der lateinischen Redekunst. Ich habe die berühmtesten aus den lateinischen, deutschen, und französischen Rednern gelesen; aber von jenen Künsten habe ich in diesen Rednern wenig angetroffen. Lese man sogar die Werke, die von der deutschen Wohlredenheit handeln, durch; und man wird finden, daß sie von den oben gemeldeten Künsten wenig oder gar nichts enthalten. Was folget aus diesem? Es folget, daß der H. Verfasser von den deutschen Anweisungen zur Redekunst eben jenes Urtheil fällen muß, welches Er von den lateinischen fället. Endlich thut man den Schulen Unrecht; wann man sagt: es werde die Redekunst blos lateinisch gegeben. Es ist kein Wort in dem ganzen Schulbuche, welches nicht zu deutsch ausgeleget, oder von den Schülern ins Deutsch übersetzet wird.

Es

Es ist zwar wahr, daß noch nicht alle Lehrer die deutsche Versekunst und Wohlredenheit ausdrücklich lehren: aber, wann nicht eine Hindernuß würde dazwischen gekommen seyn, so wäre dieses schon vor einem Jahre zu einer allgemeinen Sache geworden. Die Bücher seynd verfertiget, und es wird nicht lange mehr anstehen; so werden zu der gewöhnlichen deutschen Sprachekunst auch diese zwo Künste förmlich in allen Schulen in der deutschen Sprache sowohl, als in der lateinischen vorgetragen werden.

Ich habe mir alle Mühe gegeben, mich an die Ordnung zu halten; aber der Herr Verfasser mischet Poeten, Prediger, Uebersetzer der Bibel, des heil. Vatter unser, alles durcheinander. Ich will deßwegen noch eine schöne Stelle, welche ich in dem Hauptstücke von der Tonmessung angetroffen habe, den Herren Predigern zu lieb hersetzen. Es wird sie dieses Stuck gewiß auferbauen. An der 213 S. lautet es

als

also: „Man darf nur in unsere Gottes-
„häuser gehen; und den Leuten, die der
„deutschen Sprache vorzüglich mächtig
„seyn sollten, ich will sagen, den Predigern
„eine kleine Weile zuhören: so wird man
„von diesem verkehrten Gemenge (von
„dem rohen Unwesen der deutschen Spra-
„che) beyde Ohren bald voll haben. Ja,
„man brauchet sich nur die Mühe zu geben,
„die gedruckten Reden dieser Herren zu le-
„sen: so wird man eben dasselbe fast auf
„jedem Blatte finden.„ Das heißt ja
recht andächtig die Leute in die Predig ein-
laden! ein schönes Ziel und End für einen
Zuhörer! Ich gestehe es: ich habe mir
schier ein Gewissen daraus gemachet, diese
Stelle hieher zu setzen. Die Ursache kann
man sich leicht einbilden. Aber mein Leser
soll sich nicht darüber aufhalten. In den
Predigen muß man auf die geistliche Spei-
se, und nicht viel auf das Geschirr, in welchem sie dargebothen wird, Acht haben.
Man beliebe oft zu denken: o wie leicht ist
es,

es, gelehrten Leuten vieles ausstellen; aber ... was aber? Aber wie schwer ist es, etwas besser machen!

Ist es aber doch wahr, was der Herr von den Predigern hier spricht? Ich habe schon oben gezeiget, daß die meisten Prediger sich einer Sprache bedienen, welche auf die Kanzel gehöret. Sollte man aber wohl solche Herren wegen einigen Schnitzern, die einer oder der andere redet, vor dem Volke auf solche Weise blos stellen, und gleichsam zum Spotte machen? Das ist etwas zu scharf gehandelt. Es kann diese Art zu richten und zu beurtheilen kein menschenfreundliches Gemüth billigen. Genug. Der Herr Verfasser wird dieses alles selber einsehen, und es ist Ihm halt mehr in die gelehrte Feder geflossen; als sein gutes Herz Ihm gerathen hat.

Auf der vorletzten Seite seines Werkchens widerholet der Herr Verfasser die vornehmsten Puncte, welche Er den Pfälzern zeither vorgeworfen hat. Er schildert
mit

mit den schwärzesten Farben die Unwissenheit der Pfälzer ab. Er zieht mit einem ganzen Schwarme der Vorwürfe, und Klagen gegen sie los. Wann ein unerfahrner Ausländer diese Dinge lesen sollte; so könnte er glauben, der glänzende Strand des Rheines sey von Barbarn umgeben, und eine hottentottische Unwissenheit verfinstere die beglückten Städte des anmuthvollen Pfälzerlandes.

Es ist wahr, der Herr Verfasser sparet keine Mühe, einen ganzen Wust der Sprachfehler zusammen zu suchen; allein wo ist ein Land in der Welt, dem ich nicht eben so empfindliche Vorwürfe machen könnte; wann ich alle Schnitzer der Gelehrten, alles verwirrte Wesen in den Schriften der Ungelehrten, und alles schlechte Geschmeis in der Aussprache des Pöbels auffischen, und zusammen setzen wollte? Doch, die Ausmusterung des Herrn Verfassers ist so vollkommen nicht. Wir werden es bald sehen.

Zwey-

Zweyter Theil.
Besondere Anmerkungen.

§ I.
Von der Rechtschreibung.

Was der H. Verfasser von der 79 S. bis an die 190 S. von der deutschen Sprache lehret; ist schon lange aus den Büchern des H. Gottscheds und P. Weitenauer d. G. J. bekannt. Man halte Weitenauers Zweifel von der deutschen Sprache gegen das Werkchen des H. Verfassers, und man wird finden, daß sich der Herr nur anderer Worte bedienet, ja manchesmal die Sache mit eben denselben Worten vorträgt. Es liegt aber wenig daran, in welchem Garten diese Blümchen gewachsen seynd. Der H. Verfasser hat ein gutes Ziel und Ende. Er will die Sprache der Pfälzer vollkommen verbessern. Allein es ist Schade, daß Er die rechten Mittel

tel nicht ergriffen, und daß Er von dem seinigen zu viel hinzugesetzet hat. Der Herr scheuet sich nicht mit einer unfreundlichen Dreistigkeit den Pfälzern eine schimpfliche Nachläßigkeit vorzuwerfen. Er ereifert sich, und ich glaube, Er würde sein Unrecht selbst erkennen; wann Er sein Werkchen mit Gelassenheit noch einmal durchlesen sollte. Was andere, auch die Sachsen, für gleichgültig ansehen; das beleidiget Ihn auf das heftigste in dem Munde der Pfälzer. Schier auf jedem Blatte donnert Er über die pfälzische Sprache. Ja Er dichtet ihren Federn Sprachschnitzer auf, von denen sie selbst einen Abscheu tragen. Ich bin müde, die harte Ausdrücke des H. Verfassers anzuziehen. Ich werde nur einige seiner Irrthümer vor Augen legen. Aus diesen wenigen wird ein jeder leichtlich urtheilen können, ob ich zu viel geredet, oder ob der H. Verfasser zu viel geschrieben hat.

I.

I.

Erſtlich bürdet der Herr den Pfälzern viele Fehler auf, die doch keine ſeynd. Ich bin dem Worte ſind nicht gehäſſig; ja ich habe mich deſſelben ſchon mehrmalen in meinen gedruckten Schriften bedienet. Aber daß der Herr Verfaſſer ganz auſerordentlich darauf verſeſſen iſt; daß Er es den Pfälzern mit aller Gewalt aufdringen will, daß Er denſelben mit dem Banne aus dem Reiche der Gelehrten drohet; das will mir nicht begreiflich vorkommen. Würden uns die Sachſen nicht für unwitzige Pedanten halten; wann wir ihnen unſer ſeynd aufladen wollten? In einem ſächſiſchen Munde ſteht das ſind recht wohl; aber das ſeynd tönet eben ſo gut aus einem pfälziſchen. Oder warum ſoll eines beſſer ſeyn, als das andere? Ich frage den H. Verfaſſer, warum Er Vatter, Vatterland, und nicht Vater, Vaterland, u. d. g. ſchreibet; da es doch bey den Sachſen überhaupt Vater, Vaterland heißt? Wann Sie mir eine vernünftige Antwort ertheilen wollen; so werden Sie mir sagen: was bekümmert mich das? Die Sachsen seynd mir nicht in allen Stücken eine Regel. Ich halte mich an die Aussprache. Wir sagen ja nicht **Vater**, sondern **Vatter**. Was soll ich in einer Sache, die gleichgültig ist, gegen den Strom schwimmen? Man kann mir nicht beweisen, daß eines besser gesprochen sey, als das andere. Viele gelehrten Leute stimmen mir bey u. s. f. Diese Antwort nehme ich an. Aber, mein Herr, fragen Sie itzt die Pfälzer nur nicht mehr, warum sie seynd und nicht sind sprechen; sonst weiset man Sie auf ihr **Vatter**, und auf die Antwort, welche Sie selbst gegeben haben. Eben diese Antwort geht von Worte zu Worte auf das seynd.

2.

Das Lieblingswörtchen des H. Verfassers ist **bässer**. Besser will Er (104 S.) völlig ausgemustert wissen. Er glaubt, Er sey hierin unwiderleglich. Er sagt, es habe be ein alter Poet am basten mit Fantasten gereimet: also muß man bässer schreiben. Ja für diese zweyte Staffel zieht Er so gar Luthers Sendbrief, und Frischens Wörterbuch an. Allein was beweiset dieses? Findet man nicht tausend andere ungeschickte Reimen? Z. B. stohn, gohn, man, sie han u. d. g. Wann der Herr beweisen will, daß man bässer schreiben müsse; weil es Gottsched in etlichen alten Büchern gefunden; wie viel mehr werde ich darthun können, daß man besser schreiben soll; weil man in unzählbaren, ja allen andern alten und neuen Büchern besser antrifft? Doch dem ganzen Streite abzuhelfen; soll der Herr Verfasser selbst den entscheidenden Ausspruch geben. An der 96 S. heißt seine erste Regel also: „Man muß jedes Wort mit solchen Buchstaben schreiben, die in der guten Aussprache deutlich gehöret werden." Er setzet gleich die Ursache hinzu: Die Sprache, sagt Er, ist älter, als die Schrift, und diese ist blos ein

Zeichen der Töne des Mundes u. s. f. Nun berufe ich mich auf das Gehör des ganzen Deutschlandes, ob der Selbstlauter in bes̈ser einen solchen Ton habe, wie z. B. in Gewässer, Fässer, u. d. g. Warum schreibt dann der Herr bässer? Aber es kommt doch her von baß? Wann ich dieses auch zugebe: so folget doch noch nicht, daß man bässer schreiben müsse. Die Probe ist klar und überzeugend. Niemand schreibt ädel, verbünden, fünden, Mähl, mässen, frässen u. s. f.; wiewohl diese Wörter herkommen von Adel, Bund, Fund, mahlen, Maaß, Fras u s. f. Aber warum dieses? Warum schreibt man dieser Stammwörter ohngeachtet: edel, binden u. s. f.? Die Ursache ist halt der in ganz Deutschland angenommene Gebrauch. Wann der Herr also nicht für einen Sonderling will gehalten seyn; so muß Er dem allgemeinen Gebrauche folgen, und sein bässer ablegen. Gottsched selbst, aus welchem der H. Verfasser die Herleitung entlehnet, schreibet besser. 3.

3.

Warum soll **allſo** mit aller Gewalt geſchrieben werden? Es ſoll herkommen von alles und ſo. Wäre dieſes auch wahr; ſo hätte der Herr doch noch nicht bewieſen, daß man **allſo** müſſe ſchreiben. 1 weil es gegen die Gewohnheit aller Gelehrten, wie der Herr ſelbſt geſteht. Dieſe Probe bringt der Herr ſehr oft; wird Er ſie nun ſelbſt nicht annehmen wollen? 2 weil die Mitlauter zu ſehr gehäufet werden, ohne daß es die Ausſprache erfordere.

Alſo aber leite ich viel natürlicher her von als und ſo. Das als hat gar oft die Bedeutung von **halt**: z. B. es iſt halt ſo, heißt eben ſo viel, als: es iſt alſo. Sollten es aber nicht zwey ſ ſeyn? Nein, das eine wäre überflieſig, wie das t bey Hertz. Man ſchreibt **allzeit**: weil alle Schriftſteller dafür halten, es erfordere dieß ſo wohl die Ausſprache, als die Herleitung. Da nun Niemand noch, nicht ein einziger Schriftſteller nach des Herrn eigener Ausſage

sage allso geschrieben; so ist es ein Zeichen, daß es weder die Aussprache, noch die Herleitung erfordere.

4.

Anstatt Monat sollte es (109 S.) Monath heißen; weil man Zierrath, Heimath, Heurath u. a. m. schreibet. Mein Herr! unter diesen Wörtern, und unter Monat ist ein Unterschied. Man betrachte nur die Vielzahl. Man spricht: in den Heuräthen, Zierräthen u. d. g.; aber man spricht nicht in den Monäthen; sondern in den Monaten.

5.

Denn und wenn kann uns der H. Verfasser auch nicht aufbringen. Oder wie wollte es der Herr machen? Wir glauben dann und wann sey eben so schön, und warum sollte es nicht so gut seyn? Dieses seynd unterschiedene Mundarten, welcher sich ein jeder nach Landesgebrauche bedienen kann.

Der

6.

Der Herr dichtet den Pfälzern wahre Fehler an, die sie nicht haben. Z. B. (128 S.) Burgere, Burgermeistere, (92) Fraw, Ewer u. s. f. Welcher gelehrte Pfälzer schreibet auf solche Art? Einen oder den andern Pfälzer will ich glauben, daß der Herr aufweisen kann. Aber was beweiset dieses? Nach des Herren eigenem Ausspruche: nicht viel. Wo ist dieser Ausspruch? An der 82ten S. steht also: „ einzelne Stücke beweisen nicht viel."

7.

An der 104 S. will der H. Verfasser Pöpel geschrieben haben; weil es von populus herkommen soll. An der 106 S. scheint Er das ganz ungewöhnliche schmäucheln des H. Gottsched zu verwerfen; weil die Ableitung von diesem Worte nicht von allen Sprachverständigen für ungezweifelt erkennet wird. Wird dann die Herleitung des Wortes Pöpel von allen Sprachlehrern für ungezweifelt erkennet?

Es scheint nicht; indem die vornehmsten Sprachlehrer sich nicht entschliesen können Popel zu schreiben. Doch, sollte auch diese Ableitung unwidersprechlich seyn; so hat der Herr dannoch seinen Handel noch lange nicht gewonnen. Er hält durch diese Schreibart eine Regel, und verletzet zwo. Erstlich weichet der Herr ab von dem allgemeinen Gebrauche der Gelehrten. Zweytens widerstrebet Er der allgemeinen Ausssprache durch ganz Deutschland. Nein, mein Herr, das geht nicht an! besonders da die Regel von der Herleitung manchesmal eine Ausnahme leidet. Donner kömmt eben so gewiß vom lateinischen Worte tonitru her, als Pöbel von populus herkömmt, und dannoch saget man nicht der Tonner. Will der Herr die Regel von der Herleitung ohne alle Ausnahme haben; so muß Er in noch gar vielen andern Wörtern (§ I. 1.) eine Aenderung vornehmen. Er muß anstatt: der Teufel, mit etlichen deutschen Völkern der Daibel oder der Deibel, oder gar der

Di-

Difel sprechen; weil dieses Wort von diabolus oder διαβολος herkömmt*. Ich könnte eine Menge Wörter hersetzen; wo die Herleitung dem Gebrauche weichen muß. Oder schreibet man vielleicht das Brot, die Pychse, der Drak, Myle, oder Mole, anstatt Mühle u. dgl. m. weil diese Wörter zweifelsfrey herstammen von βρωτὸσ, pyxis, oder πυξισ, draco, oder δρακων, μυλη, oder mola u. s. w.

§ II.
Von der Wortforschung und Wortfügung.

Hier hat der H. Verfasser viele Stücke wohl angemerket. Nur allein bedaure ich, daß Er die Herren Pfälzer für so unwissend ansieht. Es ist wahr: Er kann die meisten Fehler, die Er aufgezeichnet hat in alten und auch einigen neuern pfälzischen Büchern aufweisen. Aber sollte Er deßwegen

* Scient. latin. R. P. Nicol. Hertling S. J.

gen den Pfälzern eine allgemeine Unwissenheit vorwerfen? Sehen wir nicht jährlich die schönsten Schriften in der Pfalz ausgehen, wo alle diese Schnitzer vermieden werden? Es ist eine so gar keine neue Sache in der Pfalz um die Lehren, welche der Herr Verfasser giebt, daß sie auch den Schülern in den lateinischen Schulen bekannt seynd. Ich allein kenne bey zehn dergleichen Kinder, welche die deutsche Sprache in den lateinischen Schulen so erlernet haben, daß sie zum wenigsten alles das wissen, was in dem Buche des H. Verfassers von der Rechtschreibung, Wortforschung, Wortfügung u. d. m. enthalten ist. Weitenauers Zweifel von der deutschen Sprache seynd ihnen zu viel bekannt, als daß sie dergleichen Sachen nicht wissen sollten. Wird aber dieses der H. Verfasser glauben? Und warum dann nicht? Ich kann keine Ursache ersinnen, dieß verneinen zu können. Die öffentlichen Probstücke, welche die Schüler zu geben pflegen, können alles entscheiden.

I.

1.

Nach Gottscheden, Weitenauern, und andern Sprachlehrern soll man Maaß, allermaaßen schreiben; der H. Verfasser aber spricht: solchermaasen, mit vollem Maase, Maas. Warum dieses der H. Verfasser thut, weiß ich nicht. Jene schreiben Maaß, um dieses Wort von Maas, einem Flusse zu unterscheiden. Wer hat nun von beyden Recht? Der H. Verfasser soll den Ausspruch geben. An der 109 S. giebt Er diese Regel: **Wörter verschiedener Bedeutung müssen durch die Schrift, so viel es thunlich ist, unterschieden werden.** Z. B. seyn esse von sein suus, Biß morsus von bis donec u. s. f.

2.

An der 137 S. spricht der H. Verfasser: die Hauptwörter der zweyten Abänderung, die des männlichen und weiblichen Geschlechtes sind, verwandeln durchgehends ihre Selbstlauter a, o, u, in der vielfachen Zahl in ä, ö, ü, z. B. von Hand, Rock,

u.

u. ſ. f. kommen die Hände, Röcke. Doch giebt der Herr dieſe Regel nicht ohne alle Ausnahme. Er will nicht haben, daß man aus Habicht, Kranich, Hund, Grab u. d. gl. die Häbichte, Kränichte, Hünde, Gräbe u. ſ. f. machet. Er giebt keine Urſache von dieſer Ausnahme an. Ich glaube aber, es ſey auſer allem Zweifel der Wohllaut die vornehmſte Urſache davon. Ich laſſe deßwegen dieſe Ausnahme gelten. Aber warum ſollte man nicht eben dieſe Ausnahme bey der erſten Abänderung gebrauchen dörfen? Doch ja, der Herr nimmt eine an. Warum aber Märtyrer, Inwöhner u. d. gl.? Lauten dieſe Wörter nicht eben ſo übel, als Häbichte, Hünde u. ſ. f.? Sollen dieſe aber mit aller Gewalt gelten; ſo müſſen wir auch die Aertickel, die Böhrer, die Bälken, die Apoſtel, und hundert andere artige Verwandelungen gelten laſſen. Will man Märtyrer, Inwöhner u. d. g. durch das Anſehen einiger guter Schriftſteller befeſtigen; ſo berufe ich mich

auf

auf jenes, was der Herr an der 99 S. spricht. Es lautet also: "sollten aber die "Gelehrten irgend in einem Stücke selbst "nicht einstimmig seyn: was wäre da zu "thun? Antwort: in solchem Falle kömmt "es auf die bäßten Gründe an." Nun möchte ich doch wissen; welche Gründe man habe, ehender Märtyrer, Inwohner, als Apöstel, Böhrer, Aertickel u. dl. m. zu schreiben?

3.

Was die Abänderungen der eigenen Namen angeht, hat der H. Verfasser völlig Recht. Er hat sie nach der Vorschrift der Sprachlehrer eingerichtet. Nur jenes wird vielen billig nicht gefallen, daß Er keine Ausnahme machet, noch eine anzunehmen scheint. Er will die Endungen aller eigenen Namen, die sich kein deutsches Kleid anziehen lassen, blos durch das Geschlechtswort angezeiget haben. Aber wie übel würde dieses lauten? Was würde man sagen; wann die Prediger von den Kanzeln das Leiden des

des Christus, die unbefleckte Empfängniß der Maria oder Mariens, das süse Herz des Jesus loben und preisen würden? Eben so angenehm würde es tönen; wann man einige deutsche, oder in die deutsche Form gegossene Namen mit den vorgeschriebenen Endungen ausschmücken wollte. Würde nicht ein Prediger zum Gelächter werden; wann er ausriefe: höret Petern, oder Paulen, folget Franzen von Sales in der Liebe, Franzen von Paula in der Demuth, Karlen Borromäi in der Strengheit, Johannen oder gar Hannsen in der Keuschheit nach. Wir wollen vernehmen, wie vernünftig Weitenauer hierüber spricht. An der 51 S. in seinen Zweifeln von der deutschen Sprache saget er also: „Haben „sie aber (die eigenen Namen) ein altes „Recht zu einer lateinischen Endung, wel=„ches man sonderlich in geistlichen Reden „nicht abbringen kann, gestatte man ihnen „immerhin ihren Besitz und gedulde z. E. „den Namen Jesu Christi, den Spruch „Mat=

„ Matthäi am letzten, bey Marco, u. d. gl. m.
„ Die Zuhörer möchten sonst glauben, spricht
„ der berühmte H. Stadtprediger von Sulz-
„ bach, man wollte Possen treiben, so man
„ sagen wollte: im sechsten Hauptst. des
„ Evangeliums Johanns; also spricht Pe-
„ ter oder Paul.

4.

An der 161 Seite sagt der H. Verfasser:
„ Dieses e (Er redet von dem e, welches
„ den Beywörtern in der dritten Staffel
„ hinzugesetzet wird) pflegen die Pfälzer
„ auch in den härtesten Ausdrücken zu ver-
„ beisen; und ehe sie es in einem Nothfalle
„ aussprechen; verwandeln sie es, aus blin-
„ dem Hasse wider diesen Buchstaben, lie-
„ ber in ein i. So viel vermag eine unar-
„ tige Gewohnheit bey einem sonst artigen
„ Volke!„ Ihr Herren Pfälzer! ist dieses
wahr? Habet ihr diese Gewohnheit? Pfle-
get ihr die stärkiste, nässiste, grösiste,
schwärziste, weisiste u. d. gl. m. zu sprechen?
Ich

Ich habe diese Dinge zum wenigsten noch niemals aus dem Munde eines ehrbaren Mannes gehöret. In den Schriften der Gelehrten, sonderlich in den neuern findet man gar nichts davon. Wie soll aber dieß dem Herrn Verfasser beygefallen seyn? Vielleicht hat Er es wiederum in einigen Büchern gelesen, oder von der Zunge einiger Unerfahrenen entlehnet? Ist es aber billig den Fehler einiger der ganzen Pfalz vorwerfen?

5.

An der 163 S. sagt der H. Verfasser: zu Mannheim weiß man nichts von dem Unterschiede zwischen zween, zwo und zwey. Das scheint mir zu viel gesaget zu seyn; weil den Unterschied davon so gar auch die Knaben in den lateinischen Schulen längst wissen. Sollen wohl die Gelehrten zu Mannheim unerfahrener seyn?

6.

An der 173 S. giebt der H. Verfasser diese allgemeine Regel, „daß die Zeitwör-

„ter, so lange sie einfach bleiben, in der
„völlig vergangenen Zeit vorne ein ge anneh=
„men.„ Wie stehet es aber mit selben;
wann sie nicht mehr einfach seynd? Ver-
liehren sie es, oder behalten sie es allzeit?
Das läßt uns der H. Verfasser errathen.
Warum doch? Es steht ja dieses eben so
wohl, als das andere in Gottscheden und
Weitenauern? Ich will es aus Weitenauern von Worte zu Worte hinzu setzen.
„Diese Syllbe ge, saget er, wird ausge=
„lassen, wenn das Wort nicht ursprünglich
„deutsch ist, oder ein unabsonderliches Wört=
„lein vor sich hat, das ist, ein solches,
„welches niemals hinter sein Zeitwort ge=
„setzet wird; sondern durch und durch un=
„zertrennlich vor ihm stehen bleibet... Z. B.
„Er hat studiret, er hat sich verredet, nicht
„gestudiret, vergeredet u. s. f.„

7.

Ich bin zuweilen ganz getröstet; wann
ich eine oder die andere Seite lese, wo sich

der H. Verfaſſer nicht unglimpflich gegen die Pfälzer ausdrückt. Allein ſolche Stellen kommen ſelten vor. Bald müſſen die Pfälzer allein an ſich haben, was bey andern deutſchen Völkern viel häufiger im Schwange geht; bald beſchuldiget Er ein ganzes Land wegen den Fehlern einiger Ungelehrten, bald können die Pfälzer nicht recht zählen; weil manche **der andere** oder **anderte** für der zweyte ſchreiben; bald ſeynd ſie gar grobe Unwiſſende wegen einem Buchſtaben. Ich bitte Sie, mein Herr, ſelbſt einzuſehen, ob dieſes billig iſt? An der 176 S. lautet es alſo: „Ich muß hier ſchon „wieder anmerken: daß dieſe verlängerte „Schreibart eine neue Probe unſeres Wan„kelmuthes, oder bäſſer zu reden unſerer „groben Unwiſſenheit im Deutſchen abgebe.„ Welche iſt dann endlich dieſe ſo entſetzliche, ſo verbañungswürdige, verlängerte Schreibart? Antwort: die Pfälzer ſchreiben zuweilen in der gebiethenden Art: komme, laſſe, gehe, ſiehe, thue, trage u. d. gl., anſtatt

statt komm, laß, geh, sieh, thu, trag, u. s. f. Meine Herren! ich lasse eurem Urtheile wiederum über, von was der H. Verfasser in dieser Stelle eine Probe gebe. Erinnere Sich doch der H. Verfasser, daß Er umsonst auf die Gelehrten poche; indem man in den besten Schriftstellern diese Sprache antrift. Ich sehe die nächsten, besten Bücher ein. Hagedorn spricht: Stumpfer Redner, schweige du. Wo spricht er also? Antwort: in der Fabel von dem Fuchse ohne Schweif. Kleist singt in seinem Gedichte von dem Frühlinge (12 S.): Siehe den blühenden Jüngling! H. Christoph Otten spricht an der einzigen 151 S. seines befreyeten Deutschlandes bald weiche! bald sag! bemüh! u. dgl. m. Und an der 166 S. saget der H. Verfasser selbst, daß man glauben könne, bitte (es ist ein unrichtiges Zeitwort) stehe eben so wohl in der gebiethenden Art, als habe. Diese Zeugen sollen für diesesmal genug seyn.

8.

An der 182 S. zieht der H. Verfasser eine Stelle an, die den 27 März 1769. im Drucke erschienen ist. Das kann ich nicht verstehen: den 27 März? Wie viel giebt es dann Märzen? Oder sollte ich auch diesen Einwurf nichts gelten lassen; so müßte es doch heißen den 27 Märzen. Warum? Weil das Wort März ohnwidersprechlich zur dritten Abänderung gehöret. Allein ich halte dafür, es werde der 27 Tag dieses Monats darunter verstanden. Es muß demnach heißen: den 27 des Märzen. Wollen Sie Sich auf die gemeine Aussprache berufen? So werden Ihre meiste Verbesserungen dahin fallen. Auf den Urheber der Stelle können Sie es auch nicht schieben; weil Sie alles übrige, was von demselben herkömmt, gezeichnet haben; dieses aber nicht.

9.

Wem kann doch die Redensart an der 189 S. gefallen? Der Herr Verfasser will die

die ungereimte Weise zu reden verbessern, und Er scheint mir, eine, die zum wenigsten eben so ungestaltet ist, auf die Bahne zu bringen. Es ist wahr: **da bin ich auch dabey gewesen, da habe ich nichts davon gehöret** u. d. gl. ist nicht wohl gesprochen, und wann ich es verbessern wollte; so sagete ich: **Dabey bin ich auch gewesen, davon habe ich nichts gehöret.** Der Herr Verfasser aber will es anders haben. Man soll sagen: **Da bin ich auch bey gewesen, da habe ich nichts von gehöret.** Wer die Undeutlichkeit dieser Sprache nicht merket, der halte nur beyde Redensarten gegeneinander.

§. III.

Von der pfälzischen Aussprache.

I.

An der 100 S. hat Sich entweder der H. Verfasser vergessen, oder eine beglückte Stunde hat Ihn zu einem aufrichtigen, und

für

für die Pfälzer löblichen Ausspruche genö­thiget. Er gesteht, daß, wenn irgend in Deutschland eine Annehmlichkeit in der Aussprache zu finden ist, dieselbe in der pfäl­zischen Mundart einen vorzüglichen Sitz habe. Allein, meine H. Pfälzer! werdet auf dieses Geständnuß noch nicht stolz. Es scheint, als sey es dem Herrn entweder nicht Ernst gewesen, was Er gesaget; oder, als wünschete Er, es wäre nicht dem also, wie Er bekennet hat. Vielleicht wird manchen beydes wahrscheinlich vorkommen. Es ist dem H. Verfasser nicht genug, daß Er die Fehler, welche aus dem Munde des Pöbels gehöret werden, der ganzen Nation mit den herbesten Worten öfters verweiset; Er bringt noch dazu neue Schnitzer auf, wel­che die Pfälzer kaum kennen. An der 144 S. wirft Er den Herren Pfälzern etwas vor, das ich noch niemals aus dem Mun­de eines einzigen gehöret habe. Mein! wo sagt doch ein Pfälzer, die Fabelen Aesops, die Regelen der Höflichkeit, in

Win=

Windelen eingewickelt u. ſ. f. Hätte der Hr. Verfaſſer geſagt, man finde dergleichen in einem oder dem andern Buche; ſo hätte man es zugeben können; aber daß die Pfälzer mehrentheils ſo ſprechen ſollen, das widerleget die tägliche Erfahrnuß.

2.

An der 166 S. heißt es: „Von unſerm „fuffzehn, und fufzig hätte ich ebenfalls „noch etwas zu ſagen: allein ich ſchäme „mich in der That, dieſe abſcheulichen Un„geheuer den Ausländern blos zu ſtellen.„ Ich verwundere mich auf das heftigſte, daß Sie ſo gute Geſinnungen für die Ausländer, und ſo üble für die Pfälzer haben können. Nehme man alle an die Pfalz gränzende Länder: wo höret man dann nicht eben dieſe Wörter? Die Sachſen ſo gar ſprechen durchgehends fuffzehn, fuffzig. Ich habe es tauſendmal gehöret. Welche ſeynd dann endlich die Ausländer, vör welchen Sie Sich ſchämen, dieſe pfälziſchen Ungegeheuer blos zu geben? Es werden doch die Franzosen, Niederländer, Polacken, oder Griechen nicht seyn?

3.

An der 121 S. sagt der H. Verfasser: Er habe das ebenteurliche Wort Hinkel noch nirgends, als in der Pfalz gehöret. Mein Herr! Sie dörfen nur einen Schritt weit aus dem Pfälzerlande gehen, Sie werden dieses Wort zur Genüge hören müssen. Ist das gewiß? Der H. Verfasser müßte es doch auch wissen? Dem sey, wie ihm wolle; ich kann nicht nur meine eigene Ohren; sondern alle jene Leute, die nur bis in das Maynzische gekommen seynd, als Zeugen anführen.

§. IV.
Von der Tonmessung.

I.

Ich gestehe es aufrichtig: ich bin ganz mülde, mich länger in diesem Werkchen auf=

aufzuhalten. Ich hätte zwar noch viele Anmerkungen, besonders über die Tonmessung des H. Verfassers zu machen: allein ein vernünftiger Leser kann aus wenigem vieles schliesen. Erstlich lasse ich meinen Leser rathen, was das für Dinge seyn: **Langkurze,** und **Langgekürzte?** Ich hätte mir um ein Haar die zwo Durchsichten*, welche den 9 des Aprils feil gebothen wurden, gekaufet, um diese reizende, und entzückende Blümchen desto besser zu betrachten. Vielleicht hätte ich dadurch gesehen, zu welcher Gattung diese seltenen Gartenzierden gehören? Vielleicht hätte ich gleich errathen, ob es Tulipen, oder Wasserlilien, oder Tausendschöne, oder Hahnenfüse seyn? Ein weiser und besonders in der deutschen Sprache gelehrter Mann redete mit mir über diese und andere dergleichen Sachen. „Hier sieht man, sprach

---

* Ich glaubte anfänglich, Durchsichten wären Fenster; aber nachgehends hat man mir gesagt, ein gewisser Herr habe die Perspectiven also verdeutschet.

„er, in welche Schwachheiten man verfällt;
„wann man die Sache zu weit treiben will.„
Es ist ein Glück, mein Herr, daß Sie das
Latein hinzu gesetzet haben; sonst glaubete
ich, aus hundert Oedipen wäre kaum einer
im Stande dieses räthselhafte Geschmeis
zu ergründen. Gottsched, Klopstock, Braun
und die besten Lehrer des deutschen Syllben=
maaßes pflagen bisher zu sagen, die Dacty=
len, Jamben, Trochäen, u. d. gl., und
diese Herren seynd von allen Gelehrten ver=
standen worden. Doch, wem die Lang=
kurze, anstatt der Trochäen, und die
Langgekürzte anstatt der Dactylen gefal=
len, der mag sich derselben bedienen. Er muß
aber bey dem H. Verfasser anhalten, daß
Er ihm auch die Anapæstos, Bacchios,
Antibacchios, Creticos, Antispastos,
Jambos, Jonicos, Epitritos und noch
viele andere verdeutsche. Dann von diesen
hält Er ein tiefes Stillschweigen. Die Ur=
sache davon lasse ich meinen Leser ersinnen.

2.

Je näher ich an das Ende komme; desto empfindlichere Ausdrücke finde ich in dieser Abhandlung. Der H. Verfasser suchet gute und nichtswerthe Schriften zusammen; Er beurtheilet sie, und dann ziehet Er die H. H. Verfasser selber durch die Hechel. Ich will nur wegen einem einzigen Stücke mit dem Herren reden. Er gesteht selbst, daß das Muster: Der August im Jenner, welches anfängt: Redende Felsen und jauchzende Flüsse, weit schöner ist, als die übrigen, welche Er angezogen hat, insgesammt. Ja Er bekennet, (209, u. 210 S.) daß Er dem H. Dichter das Lob nicht absprechen könne: weil Er sich in vielen Stücken dem heutigen guten Geschmacke nähert. Wie schön tönet auch nur eine Syllbe des Lobes von einem Munde, welcher ein ganzes Werk hindurch nur gewohnt war scharfe Urtheile zu fällen. Ich wünsche dem H. Verfasser dieses Gedichtes Glück. Es scheint, als habe der H. Kunstrichter über

über das innere Wesen dieses Musters jene Gesinnungen, welche alle der Dichtkunst Erfahrene darüber gefasset haben. Es ist nämlich dieses Gedicht voll der schönsten Züge und feinsten Gedanken. Doch ist auch wahr, daß es, was die Sprache angeht, hier und da einen kleinen Fehler hat.

Aber was denket dabey ein gütiger Kunstrichter? Eben das, was ein Gelehrter von Augsburg von diesem Stücke gesprochen, und was edessen Horaz von dergleichen Werken gedacht hat: ubi plura nitent in carmine, non ego paucis offendor maculis. Hat unser H. Kunstrichter auch eine so menschenfreundliche Art zu denken? Ich zweifle nicht daran; weil ich glaube, daß Er es noch lang nicht so böse gemeynet, wie Er geschrieben hat. Er zieht ungebethen dieses Gedicht in mehr als sechs Seiten durch, und glaubet an der 219 S. doch noch, Er habe es vergessen. Er bürdet dem Dichter Schnitzer auf, die keine seynd; Er hält ihn für einen Menschen, der ein übles
Ge-

Gehör hat, der, wann er kein Tauber und Undeutscher ist, selber seine Fehler erkennen muß; Druckfehler zeichnet Er ihm als wahre Sprachschnitzer auf u. s. f. Was kann die gesunde Vernunft und unpartheische Welt dazu denken? Wann dieses gilt: so will ich die vornehmsten deutschen Poeten beschreyen können. Eben dieses Syllbenmaaß ist gar oft in dem Zachariä, in Klopstocken, in Hagedornen, in Schönaichen, in Kleisten und anderen berühmtesten Männern anzutreffen? Will vielleicht der Herr Verfasser diese grosen Dichter auch unter die Tauben und Undeutschen setzen? Oder verneinen Sie, daß diese sich eines gleichen Syllbenmaaßes bedienen?

Ich schlage die besten deutschen Dichter auf. Ich lese, was mir zu erst vorfällt. Die 270 S. von Klopstocks Messias liegt vor mir. Es lautet also:

> Dann klingen die goldenen Sthüle,

Und

Und der Harfen Gebet, und die nieder-
    geworfenen Kronen.
Also ertönte der himmlische Thron, da Gott
    von ihm aufstand.
Und Gott gieng, und wandelt' einher durch
    den Sonnenweg, der sich u. s. f.

In diesem Buche findet man schier auf jedem Blatte dergleichen Dactylen. Gelten nun diese und andere Dactylen, z. B.

Dann sollst du mein Antlitz,
Also droht ihm der Todesengel, und zog
    auf der Stirne u. s. f.;
So wird ja auch gelten: hat ja in, hat
    denn der Hundsstern u. s. w.

Wann man aber sagt:

Leuchtende Jungfrau am pfälzischen Himmel!
Du hast, so dünkt mich, den Phöbus
    bewegt,
Daß er auf seinem schon flüchtigen Schimmel
In dieses Feld den August wieder trägt.

          So

so macht ja der Nachdruck, der in dem **du** gesetzet ist, dieses Wort so gar in ungebundener Rede lang; warum will es dann der Herr kurz haben?

Gottsched singt also: Nüchtern, gerecht, großmüthig und milde das Leben erfüllen.

Dann wird die Ehre der Weißheit bestehn, dann wird man bekennen...

Sohne des Atreus, so sprach dieser Greis, und tapfere Achiver...

Die bekömmst nicht eher zurück, als **bis** sie das Alter...

Häb ich dir jemals u. s. w.

In ungebundener Rede würde man lesen großmüthig,

Dieser Greis, bis sie, häb ich u. s. f.

Herr Christoph Otten, Freyh. v. Schönaich singt also in seinem befreyeten Deutschland:

Ware sterben jemals reizend, o, so ists, wann man so fällt...

Allhier soll der deutschen Helden Sammelplatz und Lager seyn.

In ungebundener Rede läse man: wenn man so fällt, allhier. Ja nachgehends spricht dieser Dichter: wäre Hermann doch allhier! könnt Ariovist doch sehen!

Ich habe hier noch ganze Stellen aus dem Zachariä, aus Kleisten, Gellerten, Hagedornen u. a. m. Aber ein gelehrter Leser kennet ja diese Herren, und es würde ihm verdrüssig vorkommen; wann ich alle diese Stellen hersetzen sollte.

Man kann keinen berühmten Poeten aufweisen, in welchem nicht das Syllbenmaaß zuweilen anders lautet, als es die Sprache in ungebundener Rede mit sich bringet.

Mein Herr! haben nun alle diese grossen Männer ein übles Gehör? Seynd sie Undeutsche, oder Taube? Soll man dieses nicht vielmehr als Erlaubnussen der Dichtkunst

kunst ansehen? Geschieht dieses nicht auch bey andern Völkern? Haben nicht die Franzosen öfters ein ganz anderes Syllbenmaaß in der gebundenen Rede, als sie in der ungebundenen haben? Haben nicht selbst die Lateiner und Griechen ihre Erlaubnussen in der Versekunst? Warum soll man dann den deutschen Poeten allein nichts zugeben wollen? Nein, mein Herr, Sie können nicht verlangen, daß ich Ihr Urtheil der Meynung so groser Männer vorziehe. Der gelehrte P. Braun allein wäre mir schon genug, auf mancher Kunstrichter Urtheil wenig Acht zu haben. Im zweyten Hauptst. in seiner Anleitung zur deutschen Dichtkunst 9 §. spricht er also: Manche Wörter können in der gebundenen Rede ganz ein anderes Syll„benmaaß annehmen, als sie in der „ungebundenen haben.„ Er beweiset dieses durch die schönsten Beyspiele. Aber, mein Herr, warum haben Sie Sich doch gar niemals beyfallen lassen, daß es keine Kunst

sey

sey, etwas durchzuziehen, aber wohl etwas besser zu machen? Hätten Sie doch nur eine, oder die andere Stelle verbessert; so hätte man doch geglaubet, daß Sie im Stande seyn, diese Herren Dichter zu beurtheilen. Weiter führt der Herr den Verfasser dieses Gedichtes in die Schule, und räth ihm die Predigten des geschickten P. Merz und die Zweifel von der deutschen Sprache des P. Weitenauer zu lesen. Allein ich versichere Sie, mein Herr, der Verfasser hat den P. Merz schon zum zweytenmal schier ganz durchgelesen; es ist ihm aber, wie er mir sagte, noch nicht eingefallen, daß er daraus könne Verse lernen machen. Oder, wann der Herr blos von der Sprache redet in dem 3ten Hauptstücke von der Tonmessung: so kann ich darthun, daß P. Merz von der Schreibart des Herren weit mehr unterschieden ist, als von jener, welche in dem Gedichte: Redende Felsen, anzutreffen ist. Was den P. Weitenauer angeht, so verwundert man sich, daß der Herr

Herr diesen Pater anzieht. Man pflegt doch sonst gewisse Bücher (2 T. 1 §.) ernstlich zu verschweigen. Der Verfasser des Augusts im Jenner hat die Zweifel der deutschen Sprache vom P. Weitenauer schon vor einem Jahre seinen Schülern vorgelesen.

Dieses seynd nun die Anmerkungen, welche ich der Wahrheit, und der theuresten Pfalz zu lieb habe machen wollen. Ich glaube nicht, daß ich den H. Verfasser beleidiget habe. Sollte Er Sich aber darüber aufhalten; so wiederhole ich, was ich gleich von Anfange gesprochen. Ich bitte auch die grosmüthige Pfalz, dem Herrn Verfasser alles zu vergeben, was Er gegen sie geschrieben hat. Der H. Verfasser, wie ich glaube, hat es herzlich gut gemeynet: Es ist nur Schade, daß Er seiner ereiferten Feder etwas zu viel nachgegeben hat. Er hätte dem Vatterlande gewiß Ehre bringen können; wann Er Sich nicht so sehr würde verschrieben haben. Sollten aber doch einige

durch

durch seine harte Ausdrücke aufgebracht werden; die bedenken doch nur, daß es der H. Verfasser nicht aus Leidenschaft gegen sie geschrieben habe. Es ist Ihm halt (wie soll ich nur sagen?) so heraus gewischet. Sie seynd es ja nicht allein, über welche der Herr klaget. Der H. Verfasser will ja so gar die Kirchengebether, das h. Kreuzzeichen, die Litaneyen, und selbst das h. Vatter unser verbessert haben.

Würde man aber einige unter den Herren Pfälzern finden, welche nach diesen gemachten Anmerkungen glauben wollten, daß sie in einem tiefen Schlummer begraben liegen; daß man in der Pfalz noch nicht einmal eine Sprachlehre gelehnet, und eingeführet hat; daß die Rechtschreibung in der höchsten Verwirrung ist; daß die Grundregeln der Sprachlehre zu Boden liegen; daß die Tonmeßkunst, sammt der ganzen Versekunst den erbärmlichsten Anblick von sich giebt; daß endlich diese dicke Unwissenheit zum grösesten Schaden der Pfalz den glücklichen

Lauf

Lauf der Künste und Wissenschaften hemmet; so lasse ich sie diese Schande verantworten. Der H. Verfasser betheuret dieses alles noch auf der letzten Seite. Endlich ruft Er in vollem Eifer aus: „Trau„riges Verhängniß, das uns drücket! „Wann werden doch die unseligen Finster„nissen, die unsere Augen decken, einmal „zerstreuet, werden?„ Da ich dieses schreibe; fühle ich das ganze Gewicht der Unbilde, mit welcher der Herr Verfasser noch gleichsam zum Abschiede die Herren Pfälzer beleget. Ich spüre eine heftige Begierde, das Empfindliche, das Beißende, das Unrichtige, das Falsche, und das einem ganzen Lande höchst Nachtheilige in dieser Stelle mit den nachdrücklichsten Worten dem Herrn Verfasser, und der ganzen Welt vor Augen zu legen. Allein ich fürchte mich, meinem Triebe etwas zu viel nach zu geben, und ich bin besorget, auch nur mit einem Worte jene Person zu beleidigen, welche ein ganzes Werkchen hindurch schier auf jedem Blatte eine ganze, wohlgesittete, gelehrte Nation anzugehen, und vielleicht unfreundlich durchzuziehen, keinen Scheu getragen hat. Ja, mein Herr! ich habe alle Hochachtung für Sie, und ich kann mich noch nicht überreden, daß Sie mit Bedachte, und mit Fleise so bittere Ausrufungen, so viel harte und ungegründete Vorwürfe, so viel entsetzliche, und bis in das Herz dringende Ausdrücke in Ihre Abhandlung eingemischet haben. Nein, ich habe weit mildere Gedanken von Ihnen. Ich behalte deßwegen viele Anmerkungen zurück. Ich habe einige von Ihren Stellen der Welt blos zugeben, und mit Anmerkungen zu zieren, mich aus Ehrfurcht nicht getrauet. Ja ich entschuldige, so viel mir möglich ist, das Ziel und Ende des Herrn Verfassers. Ich wollte mich so gar dieser gemachten Anmerkungen gereuen lassen; wann ich mich nur zwingen könnte, weniger Liebe zur Redlichkeit, und geringere Hochachtung für die Pfalz zu haben.

Wird

Wird Sich aber der Herr Verfasser gar nicht entschuldigen können? Ja freylich, und ich hoffe, die edelbenkende Pfalz wird mit allem, was Er saget, zufrieden seyn; wann Er nur den Handel nicht schlimmer machet. Was die Wiedersprüche angeht; so brauchet es weiter nichts, als eine Erklärung, welche zwar, um hinlänglich zu seyn, durch ziemliche Umschweife muß gemachet werden. Die Ausbesserung der pfälzischen Sprache muß mit gröserer Mäßigung, mit gelinderen Worten, mit mehrerem Grunde vorgetragen werden. Die Verachtung der Lehrer der lateinischen Sprache, die Auszischung der Lehrart, der Schulen, der Predigstühle, der Kirchengebether, und endlich das unfreundliche Verfahren wider die ganze Pfalz wird man Ihm vielleicht, ohne einen Widerruf zu erhalten, nicht nachlassen können. Was die besondere Schreibart des Herren Verfassers betrift; so kann Er, wann Ihm seine Wörtchen so sehr gefallen, gleichwohl

dabey bleiben. Er kann schreiben, wie
Er will, auch gegen den allgemeinen Gebrauch aller Gelehrten. Was liegt daran?
Die Welt wird wegen seinem bässer, Pöpel, allso, u. d. gl. nicht zu Grunde gehen. Doch, wann der Herr Verfasser
unsere Nachfolge erfordert; so habe ich
die Ehre, den Herren zu versichern; daß
dieses so geschwind nicht geschehen wird.
Wir erwarten indessen das Urtheil der ge-
sunden Vernunft, der aufrichtigen Pfalz,
und der gelehrten Welt. Leben
Sie wohl.

E N D E.